青城少年话北疆

黄龙 主编

陕西新华出版
太白文艺出版社·西安

图书在版编目（CIP）数据

恰同学少年 / 黄龙主编. -- 西安 : 太白文艺出版社, 2024. 9. -- ISBN 978-7-5513-2768-8
Ⅰ. H194.5
中国国家版本馆CIP数据核字第2024JD9001号

恰同学少年
QIA TONGXUE SHAONIAN

作　　者　黄　龙
责任编辑　葛晓帅
封面设计　三叶草
版式设计　建明文化
出版发行　太白文艺出版社
经　　销　新华书店
印　　刷　三河市腾飞印务有限公司
开　　本　880mm×1230mm　1/32
字　　数　208 千字
印　　张　9.625
版　　次　2024 年 9 月第 1 版
印　　次　2024 年 9 月第 1 次印刷
书　　号　ISBN 978-7-5513-2768-8
定　　价　45.80 元

联系电话：029-81206800
出版社地址：西安市曲江新区登高路 1388 号（邮编：710061）
营销中心电话：029-87277748　029-87217872

参编人员

主　　编：黄　龙

执行主编：左　右

副 主 编：魏健敏

编委成员：阿拉腾哈斯　曹　婧　李明珠　李　娜　刘　晶

娜仁花　茹　慧　莎日娜　王　乐　王　磊

王　茜　许　珊　杨学丹　郑　琳　张慧娜

杨　磊　王博雅　张雨静　李小露

序

最近痴迷于读鲁迅。以前是零零散散地粗读，现在是字斟句酌地细读。读着读着才发现，其实写作最高的境界，就是去繁就简。去掉那些华丽的辞藻，去掉那些完美的技巧，去掉那些复杂的心思，去掉那些词语的堆砌……只留下感染力强的思想，真实的语言，真诚的表达，真挚的感情，就足够了。

就《恰同学少年》这本书来看，就是极好的例证。

虽然中小学生无法去除对写作上的技巧和语言上的修辞追求，但我们不必苛求他们与大人一样在写和思上的过度成熟，他们在追求对故乡，对生于斯长于斯的青城的真实感受和感情表露上，几乎遵从了他们对爱的本真：在面对自己真正热爱的人和事，几乎是不需要掩藏的。于是，一篇篇描绘青城的美景、美食、身边人、习俗、发展轨迹的文章，一篇篇藏着对生活的热爱，对故乡的骄傲，对少年的朝气蓬勃的迷恋的文章……就这样鲜活地摆放在了我们面前。

说起鲜活，确实是我们生活中的真实写照：好比清晨起来，看见的新鲜出炉的一笼笼热乎的包子，香气扑鼻。《恰同学少年》就是这样的场面。几乎每一篇鲜活的文章我都细看了，细改了，还参与了部分作文的点评。在这个过程中，我的心情是复杂的，里面掺杂着诸多的惊喜与赞美，诸多的不安与担心。

惊喜和赞美在于，这些孩子文笔活泼，作品成熟，阅读面广，书写能力强，分分钟写两三千字都不是问题。有个别学生的作文，我看完后想也没想，就推荐给了我比较信任的杂志社，忍不住想把这些优秀的文章分享出去。不安和担心在于，这么优秀的孩子都聚集于书香青城，聚集于全市唯一一个专职教中小学生写作和阅读的小地方，其他城区的孩子是否有机会也能受到同样优质的教育呢，全国其他地区的孩子是否也能受到同样优质的教育呢？这或许是在青少年教育中让人无奈的担忧吧。

写作文需要超众的想象力。想象力问题解决了，也就解决了有了知识面却不知如何下手的难题。很显然，这群孩子的想象力是非凡的，才有了能够以两三千字打底的写作能力。有一句名言说得好：比知识更重要的是想象力。书香青城在教中小学生阅读的同时，也十分关注对孩子们想象力的培养，侧重引导教育，侧重思考能力的提升，侧重思维构架的建设，侧重心灵的美育，这种教学方法，让我眼前一亮。

写作文也需要眼界开阔的阅读面。阅读能力提上去了，写作能力自然也会跟着提上去。肚子里没货，纵使有再好的想法和构思，也无法下笔。书香青城在众多的教育行业品牌中，能够坚持“以阅读带动写作，以写作提速阅读”的教学思路，无疑是当下新教育的新方向与新模式。

写作同样需要人格的培养。文如其人，人如其文。孩子们写出来的语言，能够反照出其人格上的美丽。《恰同学少年》一书，就是最好的例证：追求真善美和正能量是孩子们在日常生活中傲人的底色，学会做人是孩子们在人生路上健康成长的明镜。

以上种种，是我对《恰同学少年》一书在读后、思后、批改后，真实的感受与教育深思。我为这本书高兴，为孩子们高兴，为教育高兴。而做起这一切的，是书香青城的负责人黄龙先生，他投身教育20年，才摸索出这一套剑走偏锋、充满创意的教学机制。

路漫漫其修远兮，吾将上下而求索。教育之路任重道远，希望未来，像书香青城这样的机构能多一些，培养出来的在写作和阅读上双达标的优秀孩子也多一些，《恰同学少年》这样的好作品集也多一些。

是为序，也是对当下教育的一点思考。

左右：中国作家协会会员，西安市作家协会诗歌委员会主任，陕西省特殊文学人才，陕西文学院第一、二届百位优秀文学艺术人才签约作家，《华商报》专栏作家，曾获柳青文学奖、冰心儿童文学奖新作奖、紫金·人民文学之星诗歌佳作奖等奖项。

目录

雪　记　001
梦青城　004
青城味道　007
神奇的袍子　010
丁香花的梦　013
青城的凡人不凡事　016
那一刻，我的心融化了　022
悦览青城　025
涮青城　028
青城及时雨　031
蓝天·白云·希望　034

早安！青城 037
青城“焙”宴 040
我的“家” 043
绿色倾城 045
我生命中的那一抹绿 048
能吃的“福袋” 051
会讲故事的羊杂碎 054
青城·美食 056
新西游 059
因为“温暖”，生活才更“美好” 061
我心中最美丽的“星” 063
我心中的骄傲 067
七色的爱 070
开在餐桌上的“白花” 072
深呼吸，闭上你的眼睛 075
我心中的诗与远方 078
奏响幸福的交响乐 081
多彩青城 084
爱是一道光 087
青城“七十二变” 090
青城冰棍 093
悦青城 095
最美家乡 099

我思念的家乡美食——焙子 101
黑笔和红笔大战白纸 103
一位乐观的朋友 106
别样的老师 109
痕　迹 112
牛伯伯真牛 114
牛伯伯真牛 116
我幸福的家 118
舞狮求学记 120
猫和老鼠 124
青城——民族团结一家亲 127
阳光灿烂的日子 131
坚持的滋味 133
青城时光之旅 136
有一种幸福叫为呼和浩特喝彩！ 140
幸福，在那里绽放 143
悠悠如意水，猎猎青城风 146
舌尖上的探戈 149
遇见四季的青城 151
最美的彩虹 154
令人难忘的春节 157
我的心愿 159
舌尖上的温暖 161

青山处处埋忠骨 164
勇战恶龙记 167
隐藏在步伐中的爱 170
农民与财主 173
我看到的相遇 178
袜子出走记 181
母爱如水 184
我的“家庭风波” 187
黑色星期六 190
是关爱，更是救赎 193
雪落进我的眼睛 196
温暖的家 199
守望明天 202
一车一世界 205
温暖的味道 208
雄鹰展翅，搏击长空 211
醉在“惊鸿一面” 214
莫不静好 217
青城——北疆的塞外明珠 221
足 迹 224
绽开在记忆里的丁香 227
偏 爱 230
阳 光 233

春风又绿故乡城 236
比太阳更夺目的 240
舌尖上的乡情 245
万物之变 248
呼市，有一抹粉艳 251
印象·青城 254
十年后的青城 257
我的邻居 260
我的邻居 262
我最熟悉的人 264
长大后，我就成了你 266
我最熟悉的人 269
熟悉的人 271
温暖的“城堡” 273
“醉”爱那一口 275
一段历史一份情 277
我是呼市的一颗小土豆 279
金黄色的“雪” 281
我的生活 284
舌尖上的温暖 287
温暖的怀抱 289

后　记 291

雪　记

呼和浩特市满族小学六年级（1）班　拖雷

雪花落了，落在了树上，一片片雪花落在树上。这时，大家的眼前是一棵雪白的大树。

雪花落了，落在了地上，却没有被小朋友踩到。这时，大家的面前是一片雪白的大地。

雪花落了，落在一双小手里，却没有被他的体温融化，小朋友手中是一片晶莹剔透的小雪花。

呼和浩特下雪了，一片片雪花飞舞着，像精灵们在跳舞。你看，她们在旋转、跳跃、翻滚，有好多花样儿，让人应接不暇。洁白的雪花为青城添加了不一样的景色。

呼和浩特是我的家乡。在这里，大家都叫它呼市。它被称为祖国的后花园、阴山脚下的青色之城。每年的冬天，呼和浩特都会下雪。可我却觉得，今年的雪，和往年有些不同之处，却又觉得与某一年特别像。

我回到家，自顾自地走到藏着我记忆的地方。我拉开抽屉，翻出相册，一张一张地看。找到啦！就是这一张：我盘腿坐在雪地里，旁边是我和小伙伴一起堆的雪人，雪人有着圆滚滚的肚子。我对着镜头笑得异常灿烂。我放下相册，一晃神儿，那有魔力的照片仿佛时空隧道一样，把我带回了那天……

“小芥，一起来玩！”一个满头大汗的小胖子向我招手。我刚要跑过去，他突然从身后掏出一个橙子大小的雪球向我扔来。我急忙闪躲，然后迅速团了一个雪球想要回击他，却被这个灵活的小胖子躲开了。就这样，你扔一个，我扔一个，欢笑声如同清脆的银铃般回荡在空中。雪球丢在我们身上，乐在我们心里。

那一天，雪花漫天飞舞，刺骨的寒风像小刀一样划过我们的脸颊，好像没有人可以让这场雪停下来。

视线渐渐模糊，不知道是不是被雪花遮住了眼……

我又回忆着，小区好像有一个大大的滑梯。一下雪，它就会变得格外光滑。每到下雪的时候，我们就在这里玩得不亦乐乎。

突然，眼前一黑，一阵断断续续的抽泣声吓了我一跳。原来是“小哭包”小富在玩闹时不小心碰了头，他张开双臂，向一旁等待的妈妈扑了过去，撒娇地要抱抱……

后面又发生了什么，我已经不记得了。2020年的那个冬天好像过去了很久，又好像就在昨天。

评语：小作者观察细腻，将纷飞的雪花形象地比作精灵在跳舞。他触景生情，想起某年某月那场特别的雪，于是自然而然地回到家，拉开抽屉，翻看相册。

他穿越时空隧道，泪水已模糊双眼。读者掩卷之余，作者跟小胖打雪仗时那欢快的笑声依旧回响于耳畔，真情实感溢于言表，结尾的两个“好像”使文章更有意境。（点评老师：魏健敏）

指导老师：李黄龙

梦青城

呼和浩特市满族小学六年级（4）班　郭焱

迷迷糊糊中，我听见阵阵马蹄声越来越近。我揉了揉惺忪的睡眼，发现自己置身于草原。我抬起头，拨开面前的草丛，看见对面有一妙龄女子。要说她的长相，那可谓沉鱼落雁。

“您好，请问这是哪儿啊？您又是谁？”

只见她举止端庄地回道：“这里是塞北，我叫王昭君，为了边塞和睦远嫁至此。”

我忽地想起父亲给我讲过的西汉故事，她说的塞北，不就在我的家乡内蒙古吗？王昭君可是位民族英雄啊！她将自己出塞的使命贯彻始终，把自己的一生都献给了边塞人民……正想着，驼铃清脆，扰乱了我的思绪。

望望四周，漠土漫漫，驼峰绵延。远处有一店铺，店小二青衣小帽，正滔滔不绝地介绍着手中一块刻有“川”字的砖茶。

我好奇地上前问道：“您这是什么店？”

那店小二拍拍胸膛，扬声答道：“你竟不知大盛魁？大盛魁上自绸缎，下至葱蒜，无所不走。”

原来是大盛魁！我记得书里曾讲道：大盛魁源起归绥（现呼和浩特市），就在我如今的家乡。大盛魁是清朝时期颇有影响力的商号，昌盛时期，拥有白银两千多万两，驮队骆驼上万匹……

来不及感叹更多，街角处，一名面黄肌瘦、眼神呆滞的落魄老人吸引了我的目光。走近，便听见他嘴里喃喃着："官税繁重、战争频起，加上朝廷闭关锁国，可惜我大盛魁百年基业没落至此……"

唉！那盛极一时的商号竟衰败了！

"小朋友，不必失落，你忘了你如今的家乡是怎样一片繁华之景了吗？"慈祥的老伯伯拍了拍我的肩笑道。

"醒醒，孩子，我们要开始参观蒙牛的工业园区了。"

我伸了个懒腰，梦醒了。我向四周环望，一时竟不能将这些先进的自动化设备和那没落的归绥城联系在一起。

归绥梦醒，青城梦启。

夜幕降临，我的蒙牛工业园之行落幕了。向那座蜿蜒盘旋的高架桥望去，上面车水马龙，忙碌了一天的人们匆匆赶路归家，他们面容略显疲惫，却满怀希望。你瞧，街边卖糖葫芦的小车不时迎来几位西装革履的客人，他们离开时满脸笑意，定是想起了家中的小淘气。听着小曲儿的白发爷爷也优哉游哉地回家去了。小曲儿和孩童的嬉笑声交融在一起，正是应了《桃花源记》中的那句"黄发垂髫，并怡然自乐"！

如今的家乡，没有战火，没有剥削，老百姓老有所依、幼有所养，不论老少，生活安逸充实，祥和一片。所见之景，是人们脸上的满足、餐桌上的丰富、青山绿水的清新。青城不再荒凉，而是繁华的内蒙古自治区政治经济文化中心；青城人是文明、和谐的新时代民众。我的家乡迅速发展、欣欣向荣，盛乐国际机场的修建如火如荼地进行，纵横交错的新公路延伸至五湖四海，疾驰的高铁载着青城人的梦想到达新的高地……

悠悠苍穹之下，青城盛景一片，回望历史，谁能不发出一句赞叹？

评语：开篇起于一妙龄女子和“我”的对话场景，引出昭君出塞的动人故事，继而由“我”跟店小二对话，抒发对大盛魁百年基业兴亡之慨叹、唏嘘时，才知是梦境。小作者思维活跃，由“归绥梦醒，青城梦启”过渡到对眼前青城繁盛景象的描写，于历史与现实的比照中饱含着对家乡由衷的喜爱和赞美之情。（点评老师：魏健敏）

指导老师：李黄龙

青城味道

呼和浩特市满族小学六年级（1）班　于思礼

青城有很多特色美食，每种食物都有它独特的味道。撒着孜然和辣椒面的羊肉串，烟火味正浓、香飘十里；包裹着鲜姜和大葱的羊肉烧卖，热气腾腾、鲜香爽滑；外焦里嫩的炸羊尾，油而不腻、香气四溢……而我认为最能代表呼市味道的美食，应该是羊杂碎。

清早，像往常一样，我在杂碎铺里点了一份我最爱吃的早点——羊杂碎。它是以羊肠、羊心、羊肝、羊肺、羊肚儿为食材，配一定比例的花椒、草果、丁香、陈皮、香叶等调料，经过大火烧开、小火慢炖、烹煮而制成的。

一碗热腾腾的羊杂碎端到了我的面前，羊杂碎上面堆着一小撮香菜段儿，像一座青翠的小山；汤里漂着一层红红的辣油，让人垂涎欲滴。那浓郁的肉香味儿弥漫在整个饭馆里。夹起一口羊杂碎放进嘴里细细咀嚼，那肉质软嫩细滑又很有嚼劲。羊杂碎混合着的香菜的清香和红油的辣香瞬间在我的口腔中爆发，刺激着我的味蕾。

吃羊杂碎一定要配它的灵魂伴侣——牛舌焙子。将金黄酥香的焙子掰成小块儿，泡在羊杂碎汤里。吸收了老汤精华的焙子吃进嘴里，汤汁四溅，唇齿留香。那幸福的味道让人沉醉在其中，回味无穷，充满了满足感。再喝上两碗青城特有的砖茶，解腻爽口。

杂碎铺里排队等候的人们，有的是跺着脚，急着上班的上班族；有的是时不时抬起手看表，准备送孩子上学的家长；有的是聊着天喝着茶，悠闲自得的老人……享用过可口的羊杂碎后，他们精力充沛、元气满满地开启了新的一天。

内蒙古地域辽阔，以前这里大规模生活着游牧民族，他们以肉食为主。至今，呼市人仍然保持着这种饮食习惯，他们爱吃牛羊肉，爱吃羊杂碎。这里的饮食文化一代代传承，最终形成这样的饮食特色，使青城有了这样浓郁的味道。

妈妈带我去过祖国很多有名的城市，吃过很多特色美食，但我还是最爱这一口青城的家乡味道——羊杂碎。

评语：对家乡舌尖上的美食，从“撒着孜然和辣椒面的羊肉串”，到“包裹着鲜姜和大葱的羊肉烧卖”，再到“外焦里嫩的炸羊尾”，在如数家珍的众多美食中隆重推出“最能代表呼市味道的美食”羊杂碎。作者体会真实深切，那香菜段和红辣油以及羊杂碎的灵魂伴

侣——牛舌焙子，让读者垂涎欲滴。文章的字里行间洋溢着作者对家乡的自豪感。（点评老师：魏健敏）

指导老师：李黄龙

神奇的袍子

呼和浩特市满族小学六年级（1）班　拖雷

“落满霞光的蒙古袍，有我阿妈深深的祈祷。”每当唱起这首歌，我便会拿出我的蒙古袍，轻轻地抚摸着它。这不是一件普通的袍子，它带着神奇的魔力。

这件蒙古袍来自遥远的乌兰巴托，是爷爷送给我的一件厚重的生日礼物。它用蓝色作底，领边绣有白色的云纹图案，用金红色的丝线镶边。千万别小看这件蒙古袍的设计，那可是非常有含义的。蓝色是天空的颜色，象征着蒙古族拥有像蓝天一样宽广的胸怀；那白色的云纹图案，如同天空中飘动的朵朵白云，与碧空相映生辉；那金边，好似熊熊燃烧的烈火，象征着蒙古民族日夜跳动的脉搏啊！更值得一提的是，袍子的袖口是马蹄袖。马蹄袖象征着蒙古马精神，爷爷希望将这种精神在我的身上传承下去。每当看到这件袍子时，我总感到心中涌动着一股非比寻常的力量。

去年夏天，我参加了游泳集训班。我穿着我神奇的袍子参加了开幕仪式，教练还着重介绍了我是集训班里唯一的蒙古族队员，同学们戏称我为“蒙古小骏马”。开始训练时，我像脱缰的野马冲入泳池，幻想着开始享受美好的暑假时光。然而现实总是那样无情，教练不断加大训练强度，没过两天我就㞞了，想要放弃。但当回到家时，我看见了我的蒙古袍。我突然想到：“我身为一名勇敢的蒙古人，怎么能因为这么一点困难就退缩呢？吃苦耐劳、勇往直前的蒙古马精神不是一直在鼓励着我吗？我一定要坚持下去呀！”顿时，我心中充满力量，集训过程中感觉虽苦犹甜，咬着牙坚持完集训。

在那之后，我还穿着蒙古袍参加过钢琴比赛和各类演讲比赛，在备赛期间也曾遇到困难、经历挫折；我也穿着它展示自信与才华，骄傲地站在领奖台上接受奖杯与掌声。那神奇的袍子始终带给我不畏困难的勇气和必胜的信念，鼓励着我一直向前。也让我有机会展现蒙古民族对知识的崇尚和敏而好学的坚持。蒙古袍伴我成长的点点滴滴，都是我人生中最珍贵的记忆、最宝贵的财富。

我的蒙古袍虽然看起来很普通，也会随着我的长大而变得越来越小，但是它赋予我的蒙古情怀却会在我心中越来越深。

评语：开篇点题，蒙古袍“不是一件普通的袍子，它带着神奇的魔力”。那作底的蓝色，领边镶有白色云纹图案，用金红色的丝线镶边，经小作者诠释后，才知原来意义如此非凡，服饰色彩也寄寓着蒙古族对自然的敬畏与热爱。正是这件神奇的蒙古袍，陪伴着“我”克服了一个又一个困难，激励“我”弘扬蒙古马精神，成为我生命中最宝贵的记忆。（点评老师：魏健敏）

指导老师：李黄龙

丁香花的梦

呼和浩特市满族小学六年级（1）班　梁文昊

在春夏之交的季节里，丁香花露出了它嫩嘟嘟的笑靥，淡雅的清香将我从梦中轻轻唤醒。

我伸了伸懒腰，慢慢睁开双眼，眼前的景色让我心旷神怡。我站起身，深深地吸了一口气，眺望着远方。在蔚蓝的天空下，蒙古包升起袅袅炊烟，洁白的羊群、闪闪发光的河水、一望无际的大草原映入眼帘。我被这眼前的美景所震撼，“醉”倒在这温暖的怀抱里。

这就是美丽的青城，让我永远眷恋的地方。十年来它一直陪伴我成长，我亲眼见证了它翻天覆地的变化。一栋栋高楼大厦拔地而起，一座座高架桥贯穿南北东西，一个个集购物、娱乐、办公于一体的商业中心遍布城市每个角落。我为它的这些变化感到兴奋和喜悦，青城的吃穿住行都让人耳目一新，赞不绝口。

“吃”是每个城市里最真实的日常生活写照，充满了浓浓的烟火气。青城的美食数不胜数，会让你回味无穷、流连忘返。如果你是第一次来到这里，请你一定要品尝一下刚出锅的酥焙子、满口流香的羊肉，喝上一杯醇香的马奶酒。我家乡的这些美味，会被你永远记在心里。

“穿”是青城里独有的色彩，五颜六色的蒙古袍让人目不暇接，这是中国民族服饰走向世界的重要名片。走进一条条古巷，会看到许多用羊皮制成的大衣、蒙古靴。尽管如今人们平时都穿着自己喜爱的现代服饰，但是到了人生的重要场合都会穿上一身美丽大方的蒙古服饰来抒发自己的民族情怀。

“住得好不好，全看你家的羊皮袄。”这是最古老的民谣。现在我们都住进了电梯楼房，高档社区里生活设施完善，可还是忘不了那温暖的蒙古毡包里人们的热情好客。毡包里有地道的奶茶香味和额吉微笑的脸庞。

“行”是我们一切美好生活的基石。以前的青城，听长辈们说只能坐火车、挤公交车、骑自行车。现在我们家家都有小轿车，出远门坐飞机、高铁，上下班坐地铁、骑共享单车。便捷多样的交通工具是开启我们便捷生活的法宝。

每年的春季，青城的市花——紫丁香，便会用含苞待放的淡紫色花蕾为它穿上华丽的外衣，每年的夏季紫丁香都会用淡雅的清香，向人们展示它靓妆素裹的容颜。紫丁香不仅能代表这座城市独具特色的人文景观，而且是青城精神风貌的完美体现。我爱青城，无论岁月如何变迁，我都会不遗余力、全身心地爱它，因为它已经融入我的血液，渗入我的骨髓，从来也抹不掉，永远也忘不了。独一无二的青城，美丽的青城——呼和浩特，我爱你。

评语：文章起笔于青城市花——紫丁香，那淡雅的芬芳，可谓香气怡人。小作者从吃穿住行的细微之处，引领我们感受家乡翻天覆地的变化，在记叙、描写中穿插议论，笔墨质朴，富于哲思，庄谐相生，引用古老的民谣，颇接地气，将对家乡的热爱倾注于笔端。（点评老师：魏健敏）

指导老师：李黄龙

青城的凡人不凡事

呼和浩特市满族小学六年级（6）班　魏锦奇

青城呼和浩特是我居住的城市，虽然我只是一名小学生，但对这座城市的一些人和事耳闻目睹后有了一定的认知：忙碌的社区工作人员默默奉献，早出晚归的交警兢兢业业，让人敬佩的抗疫明星逆光而行……还有很多平凡的青城人和发生在他们身上不平凡的事。

今天，我想说的是我亲历和亲闻的两件感人的故事。

第一件是一位大姐姐的感人事。

爷爷家住在玉泉区昭君路，奶奶是小区的志愿者。记得在2016年的一天，奶奶拿着一些洗好的旧衣服和米面，说要带我去串门。我高兴极了，蹦蹦跳跳地抢着帮奶奶拿东西。我们在小区里弯弯绕绕地到了西南角的一座小院前。没想到现在我们都住在高楼大厦里，而这里还会有这么破旧的房子！奶奶看出了我的疑惑，便对我讲起了这里的往事：前几年这里搞拆迁，别人家都拆迁搬到了楼房里，而这家老人当时出意外住院，家里又没有其他主事之人协商拆迁之事，所以拆迁的事就耽搁下来了，他们就一直住在旧房子里。奶奶说着我们就到了小院门口，此时出来一位大姐姐把我们迎接了进去。大姐姐剪着整齐的短发，戴着黑色边框的眼镜，穿着一身干净的红色校服，笑起来很好看。我想她应该是名中学生。进了家门后，外屋整齐地摆放着一张小床和一个书桌，墙壁虽然破旧，可是上面贴了几乎一整面墙的荣誉奖状。我有点吃惊：这位大姐姐的奖状比我多！奶奶把东西放好后就进了里面屋子，我也跟了进去。一进里屋，一股潮味扑鼻而来，我忍不住往后退了退。透过奶奶的臂弯，我看到了让我难忘的一幕。里屋有一张旧的双人床和几床打着补丁的棉被。床上有位老人，他舒服地躺靠在棉被上，虽然双眼无神，脸颊有些消瘦，但脸和手干净利索，胡子和头发也理得光光的。看到奶奶和我来了，老人无力地抬了抬手臂说：“大妹子，你来啦！你经常来看我，还带这送那。唉！真不知怎样感谢你才好！”大姐姐也歉意地笑了笑说：“里屋也没个落脚的地方，快到外屋坐吧。我爷爷知道是您又来了。”奶奶上前和老人说：“我们能帮你的也很少，你生活能好起来，全靠你这个孝顺坚强的好孙女啊！你也别灰心，要好好保重身体！有什么困难就和社区说，好给你孙女减轻点负担。”

回家的路上，我感觉脚步沉甸甸的。奶奶对我讲了这位大姐姐做的与自己年龄不相称的感人事情。大姐姐叫孙丽娟，现在是一名初三学生。她3岁的时候和爷爷奶奶搬到这个小区，大家从来没见过她的爸爸妈妈。年迈的爷爷奶奶没有生活来源，只能靠捡拾废品供养孙女。在她6岁的时候，奶奶由于操劳过度而病逝，只剩下爷爷和她相依为命。后来爷爷在捡废品时不慎把腰部摔伤，下半身不能动了，家里彻底没了生活来源。社区工作人员了解情况后及时帮他们办理了低保，并千方百计联系公益组织为他们捐款捐物。为了减少支出，他们只好放弃了住院治疗。小丽娟人小志气大，自己学习打针、输液，照顾爷爷的饮食起居，操持起了家里的生活，就连爷爷的头发也是她给理。每天忙完家务后她才能做当天的作业，可每每这时都已经到了深夜。即使这样，她的学习成绩仍然在班内名列前茅。奶奶讲着丽娟姐的故事，听得我心里酸酸的。她真是我学习的榜样！

第二件是关于一位“最美逆行者”的感人事迹。

我的爸爸是一名口腔科医生。在2020年3月份新冠疫情得到控制后，返岗不久的一天，他下班回到家中，把我叫到他身边。我以为我又犯下什么错了，心中正想“对策”，只听他说道：“爸爸今天给你讲个故事，讲一个真实的感人故事。”我心不在焉地“遵命”，然后坐在他身旁，心想：你能给我讲出什么新奇的故事？爸爸定了定神，带着十分崇敬的口吻给我讲述了他们医院一名呼吸内科的医生索日娜主任的故事。

2020年正月初一下午3点多钟，正在家中和女儿商量着晚饭要给家人做什么好吃的时，索日娜医生突然接到医院领导打来的电话，要求她立刻返岗，称有紧急事件。接下来的事情我想大家都知道了，疫情来了！索日娜医生回头望着女儿失落和委屈的眼神，特别心酸。是啊，常年的忙碌使她不能很好地陪伴女儿和家人，大家就盼着过年这几天的假呢。她忍着泪对女儿说：“孩子，医院里有紧急任务，我必须到岗。你和爸爸、爷爷、奶奶一起好好过年。”女儿听到这话，委屈和无奈的眼泪夺眶而出。索日娜医生又和家人打了招呼后便急忙向医院赶去。

到达医院后，她接受完任务立刻穿上防护服投入紧张的一线工作中。晚上丈夫把生活用品给她送到了医院。隔着隔离窗户，她的丈夫用手势和眼神与她进行了短暂的交流，她明白丈夫是在担心她，让她一定要平安回家啊！

爸爸讲到这里我已经被吸引住了。是呀，如果我爸爸或妈妈不能和我一起过年那该多没意思呀！爸爸喝了口水继续讲这个故事。

由于疫情的严峻和突然，再加上有经验的医护人员的缺少，索日娜医生休息时间严重不足。这一干就是30多天，真使她到了精疲力竭的地步了。经过各方人员通力配合，我们呼和浩特的疫情得到了有效控制。本来她可以松一口气了，可是武汉疫情加重，需要大量有专业知识和经验的医生。我们的索日娜医生毫不犹豫地又马上申请支援武汉。她在申请书上这样说：“战胜疫情是祖国和人民的需要，我们医生不去，谁去？”医院批准了她的请求。她成了我们所说的“最美逆行者”。

武汉疫情经过英雄的武汉人民和来自各地的广大医务人员的共同努力终于得到了有效控制。索日娜医生从武汉胜利地返回了家乡。当她从呼市的隔离场所隔离14天后回到家时，迎接她的朋友和亲人们的眼睛湿润了，女儿一下子抱住妈妈痛哭。原来她红润白皙的脸庞消瘦了，脸颊遍布勒痕，身体也明显消瘦了许多。

听着爸爸的讲述，我的眼睛也湿润了。我赞叹道："索日娜医生真了不起啊！"

爸爸接着感叹道："索日娜医生一直是一位勇于担当、不忘使命的好医生。她的感人事迹还有很多。记得在2017年，她到山东出差学习时，在济南机场就亲自给一名倒地不起的老年乘客做人工呼吸、心肺复苏术。病人有了生命体征后她还一直在旁边守护着，直到120急救车到来把病人抬上了车后，她才穿起外套走出了人群。好多天后机场工作人员和家属寄来了感谢信，人们才知道她的感人事迹。人们对索日娜医生的这种无私奉献、救死扶伤的精神深表钦佩！"

听完了爸爸的讲述，我动情地对爸爸说："爸爸，我将来也要做像索日娜医生那样的好医生！"

做着模范事的平凡人在我的城市还有很多：勇斗歹徒的警察叔叔、拾金不昧的清洁工人师傅、不怕牺牲的消防员叔叔……这些不平凡的事迹一件件、一串串连在一起，共同筑起我们通往未来的道路，它引领着我们广大青少年传承和发扬这座城市的真、善、美，把自己平凡的事做得不平凡，使它成为首府呼和浩特一道亮丽的风景线。

评语：小作者从撑起一个家的小女孩和"最美逆行者"写起，视角独特，从平凡的人身上捕捉不平凡的事。第一段统摄全篇，引出两个感人至深的故事，从那位才上初三的“大姐姐”，到呼吸内科的索日娜医生，她们都是逆行勇士，面对困境不退缩，敢于担当。小作者以流畅的叙述、动人的笔墨，讲述着我们身边的美丽。（点评老师：魏健敏）

指导老师：李黄龙

那一刻，我的心融化了

呼和浩特市满族小学六年级（4）班　刘子涵

随着社会文明的不断进步，青城人民的素质不断提高，对无家可归的小动物也关爱有加。现在，在这座充满爱的城市中随处可见小动物们的乐居——动物救助站。在那里，小动物们不必再为温饱与住宿发愁；在那里，它们可以继续有尊严地生存下去。

曾经，我家养了一只猫。在我印象中，它总是喜欢蹲坐在沙发扶手上，时不时地舔舔嘴唇，抓捋几下银色的胡须，仿佛是一位高高在上的贵人，拥有不可侵犯的王权，沙发扶手便是它的“宝座”。在成为“贵人”之前，它可没有这么风光，它是我从街边捡回来的一只流浪猫。曾经，它就住在一个破纸箱里，食物来源也只有街边的垃圾桶。

随着年龄的增长，我的功课逐渐变得繁重了，基本没有时间像往常那样照顾这位“贵人”了。我打算给它找一个好的归宿，可是一直没能找到。难道让它重蹈覆辙，重回原来的命运？一时间，我一筹莫展。

突然有一天，我听说青城成立了许多动物救助站，那里不仅是收养流浪猫流浪狗的场所，还是寄养家中宠物的首选之处！小宠物在那里可以享受到无微不至的照顾，主人还可以随时到那里探望自己昔日的小宠物。

听到这个消息我大喜过望，决定去一探究竟。我来到家附近的一家动物救助站。在那里，我看到工作人员正在细心地照顾小动物，他们满面笑容地给动物喂食、梳理毛发。即便是看上去性情凶猛的大型犬，也和饲养工作者十分亲热。“汪！汪！”一只大型犬欢快地叫着，随即扑进了饲养员的怀中。这时，又有一名小男孩走进救助站，他抱着一只小狗，看样子也是来救助站送养小动物的。他望望四周，眼中流露出几分惊讶。我顺着他的目光看去，也被这一幕感动了——雪白的墙壁上贴满了小动物的照片。这里的小动物都有自己的小窝，里面还有一块暖和的毛毯，小窝看上去简朴而又温馨。那又粗又高的柱子上用一块块木板制成的精致的小房子，便是动物的“寝室”。这舒适住所的一个角落摆着一张矮矮的小木桌，上面用白色碟子盛着动物们的饭食……看着这些曾经无家可归的小动物享受着无微不至的照顾，那一刻，我的心融化了！

我将小猫送到了救助站。看着救助站工作人员精心打造的温馨的家，这位平时傲娇的“贵人”也变得温驯、可爱。我突然有些舍不得它了，但又必须把它送到那里生活。看到动物与人们和谐相处的场面，我心里觉得好温暖！

现在，动物救助站在青城这座以善良的人们构成的绝美古城中随处可见。那里是小动物们的天堂，是流浪动物永远的避风港，许多人会将无助的动物送入这温暖的家园。如果没有动物救助站，将会有很多的流浪猫狗在街头风餐露宿；如果没有动物救助站，将会有很多漂泊无依、无家可归的流浪猫狗在黑暗中煎熬；如果没有动物救助站，将会有很多令人同情的小动物在绝望中离开这个对于它们而言无比悲惨的世界。动物救助站的出现，拯救了许多在困境中求生的流浪动物；动物救助站的出现，使流浪动物有了一个稳定的住处；动物救助站成为多少流浪动物“风雨不动安如山”的家园！动物也是生命，青城人民与动物和谐共处，为所有人树立了一个好榜样。

当我看到心地善良的人们给予小动物们细致入微的照顾时，我的心融化了！

评语：小作者观察细腻，将猫咪形象地比作高高在上、神气无比的“贵人”，使猫咪的形象跃然纸上，如在读者眼前。通篇文章语调轻松幽默，显得妙趣横生，读来令人爱不释手。从小作者的描述中也可以看到一颗关爱小动物的赤诚童心。（点评老师：郑琳）

指导老师：左右

悦览青城

呼和浩特市满族小学六年级（2）班　张怡琳

呼和浩特，内蒙古自治区的首府，亦称“呼市”“青城”。要问内蒙古景色哪里美，青城必须上榜。来呼市，美景一定是不可错过的。

呼市是一座名副其实的古城，既是古城，一定有历史悠久、文化底蕴深厚的古建筑。呼市最具代表性的古建筑要属大召寺了。它是位于玉泉区的一座藏传佛教寺院，始建于1579年，1580年建成。因寺内供奉一尊银佛，又称“银佛寺”。大召寺不仅是一处佛教圣地，还是一处闻名中外的旅游胜地。砖红色的院墙、金色的飞檐斗拱、精美绝伦的壁画……这里是人们古景摄影必到之处。大召寺独特的召庙文化，也给这座古城奠定了深厚的文化底蕴。每逢佳节，尤其在元宵节，清净无染的佛教音乐萦绕耳畔，信众虔诚地祈祷未来美好的生活；游客们恭敬地拜谒寺内庄严的佛像；市民们悠闲地漫步于大召寺广场。赏花灯、猜灯谜、品小吃、鉴赏古玩……好不热闹！

从大召寺广场出来，往北走不远，有条街，会让你以为来到了充满异域风情的中东地区。那便是位于回民区的伊斯兰风情街。街道两旁，半圆穹隆的殿顶、高耸的柱式塔楼，以庄严的沙漠黄为主色，宏伟而壮观的伊斯兰建筑有序排列。在伊斯兰风情街，还有一些别样的美食：金黄酥脆的焙子、入口即化的酸枣面、香气四溢的烤羊肉串……令人馋涎欲滴、流连忘返。还有清真寺、小白帽、阿拉伯文字、阿拉伯头巾……让人不由得对神秘的伊斯兰文化产生敬仰之情。

领略了古建筑、古文化之美，一定要再去感受一下现代化青城之韵。如果正值夏季，音乐喷泉必是人们晚间消夏避暑的绝佳场所。它在市政府广场旁的东河上。伴随着美妙动听的音乐和绚丽多彩的灯光，喷泉的水柱此起彼伏，跃动于河面上空。晚风拂过脸颊，水雾如同轻纱一般，令人心旷神怡。嬉闹的孩童们，为这夜间的音乐喷泉增加了不可或缺的气氛和动感；青年们聊着、笑着，卸掉了工作一天后的疲倦；慈祥的长者们，相互陪伴着，静享晚年的安逸。音乐喷泉既是这欢愉场所的背景，也是主角。

一处景，一种美；一座城，一份情。于我，青城不仅是一座城，还是一份思念，游子对故乡的思念；更是一份感恩，游子对养育自己的故土的感恩……

青城，我为你倾倒！

评语：移步换景，跟随着小作者的脚步，我们感受到大召寺的庄严与热闹，伊斯兰风情街的宏伟与美丽。

梦幻的音乐喷泉被描绘得让人心生向往，仿佛已感受到炎夏中的那抹清凉。文章笔墨质朴，富于巧思，小作者对家乡景物的细致描绘表达出其对家乡的深深热爱。（点评老师：郑琳）

指导老师：左右

涮青城

呼和浩特市满族小学六年级（3）班　田锰

沸腾的锅汤、鲜美的肉片、精致的小料，人们围坐在锅子四周，说着、笑着。嘿！这就是我的家乡内蒙古呼和浩特（呼和浩特是蒙古语，意为“青色的城”）的美味之一——涮羊肉。涮羊肉是青城的特色美食，它在青城的美食界独占鳌头，是青城美食界一块闪亮的招牌。

涮羊肉能在青城美食中有如此耀眼的地位，当然离不开羊肉这一主角了。“天苍苍，野茫茫，风吹草低见牛羊。”地处阴山脚下的塞外名城呼和浩特周边有着得天独厚的牧场，这里蓝天白云，水草肥美，羊肉肉质鲜美，口感纯正，使青城的涮羊肉名扬天下。薄如纸片的羊肉在沸腾的涮锅汤中翩翩起舞，蔬菜为它鼓掌。涮锅中的羊肉片由红色变成浅褐色，在咕嘟声中致谢。拿出漏勺，盛出浅褐色的羊肉，放入麻酱、辣椒油、葱花、酱豆腐等各类经典小料荟萃的蘸料中。夹起来一嚼，嗯，棒棒哒！天然牧场长大的羊儿，肉质紧实，放入口中有嚼劲，再加上口感绝佳的蘸料，简直让人沉醉其中，无法自拔。古今中外游客对其也是赞不绝口，元世祖忽必烈更是赐名曰“涮羊肉”。

涮羊肉又称“羊肉火锅”，在这里它不仅是一道美食，还能够带给人以欢乐与力量。呼和浩特西南端蒙古风情园内冰雪娱乐场中央架起的铜火锅是我见过的最大的铜火锅。形似陀螺的铜锅从底座至火筒，整个铜锅的高度接近一个成年人，锅身的最大直径同样接近一个成年人。每至晌午时分，锅汤的热气飘散而出，雪坡上的人们欢呼着蜂拥而至。里层的十几人用一次性餐具从锅中夹出羊肉和蔬菜后，外层的人马上拥进去享用美食。一群人狼吞虎咽，风卷残云，就连羊肉的配角——白菜、豆腐、粉丝和虾饺也都被消灭得干干净净，来得晚的人只能拿起铜勺舀一勺热汤喝，驱驱身上的寒气。铜锅周围一时好不热闹，简直就是一场百人盛宴。吃过羊肉火锅的人们精神焕发，再次奔向雪坡。每年寒假，我和小伙伴们都会流连忘返于这座滑雪场，留恋滑雪场中央的大铜锅。

在塞外草原上的这座城市中，到处飘散着涮羊肉的香味。无论是在繁华的街道，还是僻静的小巷，你都能看到涮羊肉的招牌：“小肥羊”“冰煮羊”“铜锅涮”“额尔敦传统涮”……此刻的你，是否已开始垂涎这座城市的味道了呢？

快来，快来吧！快来青城品一份这名不虚传的美食吧！

评语：为小作者的标题拍案叫绝，“涮青城”标题新颖，很吸引读者眼球。涮羊肉是呼市的经典美食，深受市民喜爱。小作者运用大量的比喻、拟人等修辞手法，如“羊肉在沸腾的涮锅汤中翩翩起舞，蔬菜为它鼓掌”，将这一常见美食写得妙趣横生。从文中可以看出小作者对生活的用心感受和体味。（点评老师：郑琳）

指导老师：左右

青城及时雨

呼和浩特市满族小学三年级（8）班　姜宇轩

朋友，你有没有遇到过特别紧急，急需帮助的时刻？这时候是不是希望身边有个能懂你所难、急你所急、给你方便的人？今天，我就给大家介绍一位经常给人们带来帮助的“及时雨”。你是不是以为我说的是宋江呢？不，他不是宋江，但他和宋江一样，能及时地给有需要的人带来帮助。

这位朋友的家很好找，就在青城的各条主干道上。公园旁、绿树旁那个最特别的建筑就是他家：有复式的，有独幢的，有蒙古包式的……他家的每栋房子都有一个独特的名字，如落雁公园驿站、茶舍驿站、萨仁湖驿站、幸福驿站等。每个家的内部装饰也不一样，让人特别想进去一探究竟。说到这里，你猜出他是谁了吗？对了，他就是最美的青城驿站，一个能随时给人提供帮助的地方。

你还不知道他是如何帮助别人的？那就让我来好好给你讲一讲。冬天，我和妈妈经常去各种课外班。遇到风雪天气，在公交车站台等车的时候，呼呼的冷风从我身边刮过，那时我真希望有一处可以坐在里面等车的房子，既能让我和妈妈不那么冷又不会误车。后来我这个愿望真的实现了，青城驿站为市民提供公交车等待服务，坐在驿站里面就能听到公交车到站预报，不会让你误车。我真的太开心了！青城驿站的出现真像一场及时雨，让我切实感受到了温暖。

还有一次爸爸带我去公园玩，忽然下起了瓢泼大雨，让所有人猝不及防。这时我想起来公园旁就有青城驿站，于是我拉着爸爸的手，招呼着周围的人，我们一起跑了过去。进驿站后，我看到环卫工叔叔也在里面避雨。这时，有位阿姨给我们递来了热水。我永远忘不了那位阿姨甜美的声音和温暖的笑容。她对我说："小朋友赶紧喝点热水，小心淋雨受寒感冒了。"从那时起，我懂得了我们应该不因善小而不为，能及时帮助别人是一种美德。

当然了，青城驿站最主要的作用还是解决人们的如厕难题。你有过去别的城市游玩，上厕所比玩游乐项目排队时间还长的经历吗？我有过，我曾经为了上厕所排过三个小时的长队，真的太不方便了。但这个难题，你在青城就不会遇到。我们的青城驿站位置醒目，内部宽敞，干净卫生，颠覆了普通公共卫生间给人们的固有印象。青城驿站外面还有临时停车位，如果你是自驾游来青城，想去厕所的时候，可以放心地把车停好后进去。

看，这就是那位懂你所难、急你所急、给你方便的好朋友！它是这座城市里一道美丽的风景线，既热情地迎接着来自五湖四海的朋友，又为所有人提供十足的方便快捷。

青城驿站是城市文明开创的一个重要标志，是远游之人心心念念的记忆，他包容接纳需要帮助的人们，也代表青城迎接四海宾朋的热情。

青城驿站真是这座城市送给人们最好的礼物！

评语：文章起笔于“及时雨”，开篇留给读者一个小问题：作者笔下的“及时雨”到底是谁？具有很强的导引效果。作者选取自己的亲身经历，讲青城驿站冬季抵挡寒风，雨天送来暖意，其笔墨质朴，庄谐相生，对家乡的热爱倾注于笔端。（点评老师：郑琳）

指导老师：左右

蓝天·白云·希望

呼和浩特市满族小学三年级（8）班　王梓诺

爸爸宣布："这周末我们一家人去草原看狐狸。"我和弟弟激动地大叫起来："看狐狸……看狐狸……"妈妈扑哧一下笑了："狐狸狗确实像狐狸。"

原来，爸爸的同事前不久在敕勒川草原上救治了一只受伤的小白狐狸。爸爸听说后，决定带我们去碰碰运气，看看能不能碰到狐狸。妈妈还是坚决不相信，她认为呼和浩特的生态还没有恢复到这个程度。

周末天气刚好，雨后的草原，空气清新极了。天空就像被水洗过一样，瓦蓝瓦蓝的，几朵洁白的云朵点缀其上。远处有连绵起伏的大青山，近处有大大小小的金色蒙古包，嗅到的是若有若无的青草香和花香，看到的是美丽辽阔的草原。原本兴致不高的妈妈也一下子兴奋起来，她提议我们骑观光自行车去寻找小狐狸。

我们一家蹬着车，慢慢向草原深处骑去。我和弟弟不放过任何一处"可疑"的地方，只要有一点"风吹草动"，我们就停下车，凑近去寻找。就这样一路蹬一路寻，我就和弟弟发现了蚂蚱、蝈蝈、蟋蟀……“这个绿色的长长的是什么虫子？”我问爸爸。爸爸都讶异了：“扁担！这是我小时候才有的虫子，好多年没见过了！”“看！看！看！大胖鸟！”弟弟指着一飞而过的生物说。“那是石鸡子！属于野雉科。”爸爸说。我们一家兴奋极了，掏手机的掏手机，跳下车追逐的追逐。可惜的是，这么大这么肥的石鸡，速度却真快，钻进草丛，一眨眼就不见了。

“回吧！”爸爸边蹬着车边像老牛一样吭哧吭哧地喘着气，“再不往回返，天就黑了！”

“回吧。”妈妈惬意地用镜头捕捉着盛开的金莲花，“等明年这个时候，我们再来找小狐狸吧，也许还能看到肥肥的野兔子。”

“会有大灰狼吗？万一把我们吃掉怎么办？”弟弟奶声奶气地问。

“不一定哦！我跑得快，大灰狼追不上我，哈哈哈！”我逗着弟弟。

地球从来不是人类独有的家园，它是所有生命体共同的家！返程时，我坐在车上，回头望着蓝天、白云和绿色的草原，仿佛看到了地球美丽的希望和未来，我的家乡呼和浩特也在其中！

评语：开篇起于家人之间的温馨对话，引出一个可爱的小动物——小狐狸。文章内容新颖，自然通畅，把读者的思绪带到了辽阔旷远、生机勃勃的大草原。对各种动物的细致描绘，体现了小作者善于观察、内心柔软的优点。文章字里行间充满童真童趣，欢声笑语仿佛不绝于读者之耳。（点评老师：郑琳）

指导老师：左右

早安！青城

呼和浩特市满族小学三年级（3）班　王梓墨

我的家乡呼和浩特是一座美丽的城市，呼和浩特的蒙古语意思是青蓝色的城郭，所以呼和浩特又叫青城。

清晨第一缕阳光跳跃着穿过高耸的楼群，原本安静的城市顿时热闹起来。街上的人越来越多了，刻苦学习的大哥哥大姐姐，忙碌的出租车司机，不辞辛苦的环卫工人，还有精神抖擞去晨练的人……他们脚步匆匆，各奔东西。

我和爸爸妈妈也来到公园，满园的丁香花散发着迷人的清香，成排的健身器材旁站满了锻炼身体的人。公园里还有人在抖空竹、甩鞭子、跳广场舞，到处都是热闹的景象。我们也紧跟在快走人群的队伍里，跟着大家快速走了起来。锻炼后，我感觉神清气爽，怪不得每天都有那么多人来公园锻炼呢。

从公园走出来，我们一家人去吃早餐。青城的早餐还真是丰富多样，有香味浓郁的蒙古奶茶，酥脆焦香的焙子，热气腾腾的拉面，香气四溢的羊杂碎，还有皮薄馅多的烧卖。烧卖是我最喜欢的早点。我们来到烧卖馆，刚一进门，诱人的香气扑面而来。

我和爸爸妈妈找到位子坐下，倒上浓浓的青砖茶，每人点了一两烧卖，闲聊着等待美味的到来。听妈妈说呼和浩特的烧卖馆可多了，有德顺源、老绥元、清晨源、麦香村，等等。它们都是老字号店铺，有着悠久的历史，青城人也早已习惯早上吃上一两烧卖后再开始一天的忙碌。我和妈妈正聊得开心时，一笼笼热腾腾的烧卖被端了上来。它们个个晶莹剔透，头上顶着一朵朵白花。我迫不及待地拿来碟子，先倒一点醋，再放点辣椒，最后夹起烧卖蘸上调好的料汁咬上一大口。顿时羊肉的香、醋的酸甜，化作一股香甜的风，在我的舌尖上盘旋。“太美味啦！”我不由自主地喊出了声。我抬头看看周围的人，大家脸上都洋溢着幸福的笑容。

吃过早饭我就去上学了。我们来到地铁站。青城地铁可是青城一道亮丽的风景线，蓝白相间的地铁列车像一道闪电飞驰而来，车门缓缓打开，首先映入眼帘的就是奶牛花纹的座椅，配上绿色的地板，使我们犹如置身于草原之中。地铁车厢内的扶手吊环，是红山文化“中华第一龙”的形态。我们坐在宽敞干净的地铁列车里，只需15分钟就能到达学校。新的一天就这样幸福地开启啦！

我背着书包，迈着轻盈的步伐走进学校，清晨的阳光给校园温柔地披上了一件金色纱衣。我戴着鲜艳的红领巾向国旗敬礼。看着飘扬的五星红旗，我暗下决心：一定要好好学习，把家乡的楼房建得更高，让地铁跑得更快，马路变得更宽，天空更蓝，把家乡建设得更美！

评语：家乡的美食往往能牵动我们心中最柔软的地方。小作者描绘了青城的晨间美景与各色美食，重点介绍了最能代表呼市味道的烧卖，“晶莹剔透”“顶着一朵朵白花”“羊肉的香”“醋的酸甜”。呼市的烧卖色香味俱全，让读者垂涎欲滴，蕴藏着小作者对家乡的热爱与骄傲。（点评老师：郑琳）

指导老师：左右

青城“焙”宴

呼和浩特市满族小学三年级（6）班　盛翌轩

俗话说，一日之计在于晨，而一顿美味可口的早点便是助我们开始一天奋斗的力量之源。当然，早点的作用不只是填饱肚子那么简单，一顿早点，代表着一座城市的风土人情，体现着一座城市的历史文化。它仿佛一本精彩书籍的封面，吸引大家翻阅，了解我们家乡的故事。

北京的早上，人们最认可的老味道莫过于焦圈儿和豆汁；广州的早茶更是丰富到让人想着就口水直流，虾饺肠粉叉烧包，没有一样不在诉说着广州这座美食名城的独特味道……而我们呼和浩特的早点种类也是丰富多样，但我最喜欢的，却是一种普通又有些特别的早点。之所以说它普通，主要是由于它的用料及制作并不复杂，其实就是用发酵的面，揉成形后放入特制的炉灶烤制而成。既然如此普通，那为什么又说它特别呢？不说别的，它的名字就很特别，那是一个会让那些没有吃过、没有见过的人摸不着头脑的词汇，它叫作焙子！这个焙子，可不是我们睡觉时候盖的被子哦，而是在篝火上焙烤的饼子之意，是不是很有趣很特别呀！

相传，在明朝修建归化城时，焙子由阿拉坦汗的夫人三娘子为解决众多筑城工匠口粮问题，仿照中原地区的烧饼改进而来，久而久之就变成了百姓的日常美食。

我们家乡的清晨便是从烤制焙子开始的。别看它制作简单，它的种类却多如繁星，有白焙子、牛舌头、油旋罗锅、千层、油酥、豆沙焙子、糖焙子、咸焙子和糖三角，等等。刚出锅的焙子喷香满街头，香飘十里。而随着社会经济的发展，人们食用焙子也从单一地搭配咸菜茶叶蛋变成了用香酥焙子夹香肠、烧卖、羊肉串等多种有创意的搭配。同样，焙子和羊杂碎也是“好搭档”，羊杂碎的鲜、咸、香、辣，搭配焙子特有的焦、甜、脆、酥，简直让人回味无穷！

我最爱吃的焙子，是糖三角，顾名思义，它的外形像是从五角星上掰下了一个角，是一个稍显圆润的三角形。别看外面是不起眼的面饼，可里面是那香甜的、浓郁的红糖浆，一口下去，酥脆掉渣的面饼夹杂着甜蜜却不腻人的红糖浆，丝丝甘甜，真是太美味了！

焙子，以便宜、方便、快捷、美味的特点被这里的市民所喜爱。上班路上来不及吃早点的时候，加班太晚需要补充能量的时候，空闲时间想和家人共同享受休闲早餐时光的时候，焙子都是人们必不可少的选择。它是呼市浓浓的烟火气，也是祖祖辈辈生活在这座城市的市民心中那抹不去的归属感。

来到呼市做客的朋友千万不可以错过这最普通的美食。咬一口焙子，你会品尝到属于这座城市的历史；加一点小菜，你会领略到属于这座城市的风光！

评语：语言清新优美，以“青城‘焙’宴”为题，新颖有趣，点明写作对象，开篇自然引出下文。文中对焙子制作工艺和历史的详细介绍体现了作者对生活敏锐的观察与日常思考。文章从生活入手，到美食文化的介绍，以及青城历史文化的引入，再写出了美食背后所代表的城市的那份烟火气、归属感、满足感，由浅入深，以点带面，是一篇不错的作品。（点评老师：王磊）

指导老师：左右

我的“家”

呼和浩特市满族小学三年级（3）班　边睿文

你看到这个题目，一定以为我要写的是我的小家庭吧？可惜，你猜错了！今天我要介绍的是我的大家庭——呼和浩特市满族小学三年级（3）班。

我的家里有五十七个兄弟姐妹，是一个由汉族、蒙古族、满族、回族等多民族组成的大家庭。记得刚入学时，老师让我们穿自己的民族服装来上学。朝鲜族粉色花纹的裙子，白族纯银的头饰，蒙古族各种颜色的蒙古袍，把我们班装扮成了一个美丽的大花园。主题班会上，同学们都争先恐后地为大家介绍有趣的民族风俗、讲好听的民族故事、唱动人的民族歌曲、跳优美的民族舞蹈，我们班瞬间成了一个展示民族特色的大舞台。能和这么多民族的小朋友一起学习、一起成长，我既高兴又好奇，对未来充满期待。

在这个大家庭里，我们互助互爱，共同进步。运动场上，我们互相加油打气，夺得了接力赛冠军；课堂上，我们共同遵规守纪，获得了纪律红旗；放学的路上，我们队列整齐，被评为最佳路队。

在这个大家庭里，我们团结一致，共同收获友谊。老师经常教育我们要和谐相处，不论我们是什么民族，都是祖国的石榴籽，都是亲如一家的兄弟姐妹。每名同学都结交了很多知心的朋友，大家一起上学、游戏、讨论问题，没有民族之分，都是这个家里的好孩子。

在这个大家庭里，我们畅想未来，放飞梦想。每个同学既有小目标，又有大梦想。有的想当科学家发明出新的清洁能源，有的想当医生治好所有人的疾病，还有的想当军人保家卫国……每个同学都为了自己的梦想而努力着。因为，只有自己的梦想实现了，才能更好地为城市的发展和祖国的强大做贡献！

这就是我的家，呼和浩特市满族小学三年级（3）班，一个温暖和谐的家，也是我最热爱的家！

评语：文风活泼灵动，用语自然流畅，句式整齐有序。文章以“在这个大家庭里，我们……”起首，隔段排比，由班里的同学团结协作，到学习上的携手进步，再上升到祖国各族同胞相亲相爱，为实现繁荣富强的中国梦添砖加瓦，结构紧凑，层层深入，抒情真挚感人，生动贴切，将自己对于大家庭的热爱和赞美之情充分地表达了出来。（点评老师：王磊）

指导老师：左右

绿色倾城

呼和浩特市满族小学三年级（4）班　王姝涵

呼和浩特——蒙古语译为“青色的城”。1581年，阿拉坦汗与三娘子在板升大兴土木建城，并用青砖砌墙，把房屋围起来，远远望去泛有青色，“青城”之名由此而来。蓦然回首，那悠久的历史记载着青城的文化精髓。时过境迁，如今用诚信、创新、低碳、绿色这八个字来形容塞外名城呼和浩特，却是如此准确。

当人们谈到呼和浩特这座城市时，脑海里会呈现出一片清爽的绿色。绿色是一座宜居城市的底色，呼和浩特市坚持把绿色作为底色，牢固树立“绿水青山就是金山银山”的理念，不断加大绿化建设改造力度。

瞧，那植被繁茂的哈拉沁生态公园，像一个大氧吧释放着清新的氧气。公园里有一个人工湖，湖中的水静而绿，平静得像一面镜子，绿得像一块翡翠。每当春天我划着小船漂荡在湖面时，柳条借助春风的力量与湖水嬉戏。微风拂面而过，让人在春光中陶醉。

看，那环城水系，像一条巨龙环抱着整座城市，带给人沁透心肺般的凉爽。早上和煦的阳光暖暖地照射着大地，天空中飘浮着朵朵白云。远远望去，大青山好像罩着一层神秘的面纱，在阳光的照射下显得那样伟岸、挺拔。满山的绿意使人精神抖擞，大自然那清新的气息扑面而来。让人不由得深吸一口气，贪婪地吮吸着大自然的味道。五彩缤纷的小野花，在无边的绿浪中随风起伏，怯生生但又欢欢喜喜地仰起小脑袋。行人不自觉地纷纷伸个懒腰，走在阳光下，呼吸着新鲜的空气，顿时感觉心旷神怡。站到山顶，鸟瞰那依偎在青山怀抱中的青城，犹如一位英姿飒爽的“青年”披上了一件永不褪色的“有机服”。

天蓝山绿水清的呼和浩特，生态保护与经济发展“比翼双飞”，正在绘就一幅生态蓝图，探索一条绿色、创新、低碳循环发展的新路子。垃圾分类让青城的“颜值”越来越高，“气质”越来越好。新能源发电减少了城市中有害气体的排放，真正打造“绿肺”之城。

那一抹抹独特的“首府绿”羡煞人，绿色布满整座城市，犹如为城市注入新鲜的“血液”。那巍峨的大青山让人神往，美丽的“青城”，美得那么自然，绿得那么纯朴。水清了、岸绿了、景美了、鸟儿多了，一幅与自然和谐共生的生态画卷徐徐展开。我徜徉在繁闹的大街，脚下却是一片轻盈。绚烂的阳光洒在青城的大地上，它没有日出时的娇嫩，没有日落时的沧桑，就像一位和蔼的母亲，在她经过的地方留下一抹温馨的色彩。这色彩暖暖的，透着些浪漫，为青城增添了丝丝暖意，使越来越多的首府人民，享受着看到绿、触到荫、闻到香、感到暖的惬意生活。激励首府人民共同坚持绿色“倾城”，共同为绿色“青城”筑绿色之梦！

评语：小作者以“绿色倾城”为题，“倾城”谐音“青城”，有趣生动而又点明了主题——青城之绿，给读者留下无尽遐想，激发了阅读兴趣。从青城的历史文化开始讲起，全篇围绕青城的那抹绿色，借助哈拉沁生态公园的游园经历和大自然的优美景色，表现青城的生态理念和环境保护成果。生活中的所见所闻显出大的视角和高度，体现了小作者善于观察和细心思考，以及对国家政策的关注和了解。（点评老师：王磊）

指导老师：左右

我生命中的那一抹绿

呼和浩特市满族小学三年级（1）班　赫奕铎

“敕勒川，阴山下。天似穹庐，笼盖四野。天苍苍，野茫茫，风吹草低见牛羊。”这首传唱了千年的北朝民歌，说的就是我的家乡——呼和浩特，又称青城。从我出生起，青城就被越来越多的绿装点，而我最爱的，还是青城的草原。

青城的草原是我生命中的一抹绿色，那翠绿的颜色流淌在大青山下，一望无际；草原上的风车在太阳下旋转不停，似绿宝石闪着耀眼的光。

青城的草原是无边无际的，草原上的动物数也数不清，成群的小马在茂密的青草上散步，悠闲的牛儿们在一起聊天。定睛一看，还有不计其数的白色小毛球，那是羊儿，它们仿佛散落在草原上的云朵，又像散落在绿毯上的珍珠。

青城的草原上有几条小河，小河里不时游过一群群小鱼。河水清澈见底，水面倒映出天上那火红火红的太阳，是那么真实，像是一幅油画，画在眼中，人在画中。

青城的草原上世代生活着蒙古族人民，他们出生在美丽的草原，草原就是他们的母亲。千百年来，草原抚育着她的孩子们；特殊时期，草原也抚育了上海的三千孤儿和来自五湖四海的知识青年。当《父亲的草原母亲的河》的歌声响起，当都贵玛的孤儿孩子们从祖国各地回来看望养育他们的妈妈，当我站在烈士陵园的广场上向烈士们敬礼……我知道有那么多的人像我一样，用生命爱着我们的草原！

我们的青城就在大青山下，在敕勒川上，在草原腹地，是祖国北疆生态屏障里的明珠。白日里，勤劳的人们穿梭城中，是李煜口中的“车如流水马如龙”；夜幕下，千门万户流光溢彩，是辛弃疾词里的“玉壶光转，一夜鱼龙舞”。

祖国的北疆是一道亮丽的风景线，大青山和敕勒川逶迤在风景线上，青城镶嵌在其中，最亮丽的是青城的草原——我生命中的那一抹绿！

评语：全篇充满了抒情性、诗意性的语言，以“我生命中的那一抹绿”为题，围绕青城的草原上的山川河流、花草树木和在这里生活着的人民、革命年代的故事、新时代草原住民幸福多彩的生活，从自然到人文，从过去到现在，多角度全方位地展现了“我生命中的那一抹绿”这一命题的内容。文章语言形象生动，运用了比喻、拟人、引用等多种修辞手法，饱含深情地表达了作者对

于青城的热爱和祝福之情。（点评老师：王磊）

指导老师：左右

能吃的“福袋”

呼和浩特市满族小学三年级（6）班 卢卓彦

大家一听到“福袋”这个词，就猜到一定是过新年的时候，客厅或卧室里一个装饰物挂件，表达着吉祥和幸福。但是，我这里说到的这个“福袋”，非同寻常，它是可以吃的“福袋”，里面装的是满满的幸福！在呼和浩特土生土长的人，大部分都吃过一种食物，那是被用来当作早点的，它就是“烧卖”。烧卖圆嘟嘟的肚子，头上宛如一朵折出的花，看上去就像一个个小福袋。

这种小福袋的做法，也是家喻户晓，需要准备的材料主要有：面粉、羊肉、大葱、生姜，如果烧卖皮不是直接买好的，还需要准备一个独特的擀烧卖皮的擀面杖。我最喜欢看奶奶做烧卖了，她把羊肉先切成小丁，再剁得碎一点，然后把大葱和生姜也剁碎了和羊肉放一起，再放一些盐，最后倒一点胡麻油，用筷子顺着一个方向，开始拌馅儿。这时，稍走近便可闻到一股香喷喷的味道。奶奶说，馅儿必须顺着一个方向搅拌，这样，蒸熟的烧卖里的馅儿就是一个个小肉团儿。馅儿拌好后奶奶就开始包烧卖了。其实呀，这个烧卖特别好包，把薄薄的烧卖皮铺在手上，用小勺把馅儿放进去，最后，把周围的皮一收，稍微往紧捏一下，就可以了。看着奶奶做得特别简单，但是每次我都弄不好，不是馅多了，就是捏得丑丑的。包好的烧卖就要上笼屉蒸了，蒸十分钟左右，揭开锅盖，在香气氤氲的笼屉中，一个个烧卖已经熟了。烧卖闻起来特别香，咬一口，里面的汁水都流了出来，再蘸一点醋和辣椒，那味道更是令人赞不绝口！

每年过节，奶奶都要亲手为我们包一顿香喷喷的烧卖。爸爸总担心奶奶的腿，奶奶早些年因工作久站和着凉，落下了腿疼的毛病，站久了腿就会肿胀。这几年爸爸妈妈上班忙，一直都是爷爷奶奶帮着照顾我和妹妹。奶奶总担心我和妹妹吃不好，变着花样地给我们做各种好吃的，每次做饭都需要站好长时间，特别辛苦，可是奶奶从来都不说累。奶奶准备做烧卖的时候，爸爸提议想吃就从外面买，可是奶奶不同意。看着我们吃得那么香，她说再累也值得。看到奶奶说话时，脸上洋溢着慈爱的笑容，我感到自己无比幸福，眼前的这个小福袋不仅仅装的是好吃的烧卖馅儿，更是奶奶对我们满满的爱！

评语：作文标题“能吃的‘福袋’”诙谐有趣，夺人眼球，开篇一步步将读者的好奇心和兴趣拉满，并点出写作对象——烧卖，然后详细介绍了烧卖的做法。字里行间是对奶奶的回忆和想念，平实质朴的语言背后是浓浓真挚的温情。作者通过营造“做烧卖”“吃烧卖”

的场景，记述了奶奶对于自己和妹妹的关爱和照顾，表达了自己对奶奶的感恩和爱。对于作者而言，烧卖不仅是一份美食，更是彼此之间亲情连接的象征。（点评老师：王磊）

指导老师：李黄龙

会讲故事的羊杂碎

呼和浩特市满族小学三年级（6）班　陶郁琼

青城有一道人间美味，那就是大名鼎鼎的羊杂碎！一碗香喷喷的羊杂碎，不仅能让你大饱口福，幸福到飞起，更能温暖你的心田，令你久久沉浸其中，不能自拔。

当一碗热气腾腾的羊杂碎摆在你的眼前，我相信你也会跟我一样，忍不住想拨开那层密密的油花探个究竟。拨开漂在表层的葱花和油花，扑鼻的香气随着筷子的搅动阵阵袭来，渐渐地露出光滑而细腻的羊杂碎。一口吃到嘴里，那份爽滑的质感令舌头都会痴迷。那香味冲进喉咙，润滑着嗓子，来不及细细咀嚼，咕噜一下滑入腹中，就想赶快吃第二口！一番狼吞虎咽后，喝上几口美味的肉汤，那份满足的饱腹感令人沉醉。

当再一次吃到羊杂碎的时候，我也学着大人的样子，细细品尝起来，经常也会配着焙子或者米饭一起吃。每当这时，我总会想起爸爸在家里煮羊杂碎的情景。

那一日，爸爸让我见识了一大盆的羊头、羊肠、羊肺和羊肝。爸爸手法娴熟的厨艺令我目瞪口呆。他一边煮羊杂，一边为我讲起羊杂碎这道美味的由来。爸爸津津乐道地描述的情景令我至今记忆犹新。他讲到成吉思汗带兵打仗途中，粮食不够吃，战士们便将羊的内脏利用起来，做成了战场上的羊杂碎。我一边听着，一边不经意地伸出衣袖，轻轻擦掉爸爸额头的汗珠。我发现爸爸整齐的短发里，藏了好多白头发，一阵心酸涌上心头，多希望爸爸永远年轻俊朗。

爸爸见我若有所思的样子，用油乎乎的手指头刮了一下我的小鼻子，脸颊上绽放着甜蜜的笑容，望着我的眼神是那样温柔和慈爱。那一刻，是我和爸爸最幸福的瞬间。

评语：标题运用拟人手法，文章风格生动活泼，激发了读者的阅读兴趣。开篇“品尝羊杂碎”的过程用慢镜头、聚焦式地进行描写记叙，如同纪录片《舌尖上的美食》，让人垂涎不止。在日常生活的场景中又不经意地加入了羊杂碎的制作由来，增添了文章魅力。此外，文章平凡之中见温情，把父子吃羊杂碎的那种淡淡的幸福、和谐温暖的场面烘托了出来，与开头形成照应，凸显了文章主旨。（点评老师：王磊）

指导老师：李黄龙

青城·美食

呼和浩特市满族小学三年级（8）班　刘晔婷

在中国版图的正北方有一条狭长的高原地带，从地图上看像一只展翅翱翔的雄鹰，这里就是辽阔的内蒙古自治区。而塞外的一颗璀璨明珠——呼和浩特，就镶嵌在“雄鹰”的心脏位置。呼和浩特，蒙古语意为青色的城，它是内蒙古自治区的首府，也是我的出生地，是一座具有悠久历史和勃勃生机的美丽城市。

这里既有现代化的城市景致，也有广袤辽阔的草原风光；既有车水马龙的喧闹繁华，也有蒙古长调和马头琴的婉转悠扬；既有独具特色的传统美食，也有与国际贴合的现代美食。

说到独具特色的传统美食，就不能不提到烧卖，这是呼和浩特人日常特别爱吃的美食之一，也是我们迎接远方亲朋好友时必备的地道青城美食。从历史的沿革中流传下来的除了烧卖的来源和传说，也有印记在呼和浩特的独特味道和含义，烧卖已经成了青城饮食文化的一个亮丽的招牌。漫步在青城的大街小巷，随处都可以看到烧卖馆，随意走进一家小店，点上一壶砖茶搭配着二两烧卖，品味鲜香美味，体验青城味道。尤其是在数九的冬日里，吃上一笼热气腾腾的烧卖，再寒冷的日子，仿佛也会变得温暖、满足，而且有滋有味，这就是青城人专属的小幸福。而我的小幸福是吃到奶奶包的烧卖。每每看着奶奶将调好的羊肉和大葱制成的馅料，包进有波浪形花纹的圆形烧卖皮里，然后将一只只“以面作皮，以肉为馅儿，以顶作花蕊”的烧卖整齐地摆放进锅里蒸的时候，就是我最期待的时刻。随着热气袅袅蒸腾，烧卖的香味儿和烟火气弥漫开来。揭开锅盖，蒸熟的烧卖像一朵朵绽放的美丽小花，晶莹饱满。咬上一口，汤汁和馅料的浓郁鲜香满溢而出，这就是属于家和家乡的幸福味道。

呼和浩特还有一种健康有特色的美食，叫作莜面。莜面是由莜麦加工而成的面粉，莜麦可以有效地降低人体中的胆固醇，还含有钙、磷、铁等多种人体需要的营养元素。所以呼和浩特人常爱说的一句话就是：“多吃点儿莜面，对身体好！”这简单的话语里其实满溢的是一种特别的关爱，因为自古以来，美食传承的除了美味，还有爱的含义。当然，除了健康，莜面还有制作时的趣味性，它的制品形式多种多样：将莜面搓成长长的面条状，这叫作“莜面饸饹”；将莜面搓成两头尖的小鱼形状，这叫作“莜面鱼鱼”；将莜面搓成长椭圆形的薄片卷成圆筒竖着立在笼屉里，这叫作“莜面窝窝”。全家人其乐融融地制作形态各异的莜面，然后上锅蒸熟，再搭配上鲜美的热汤，或者直接凉拌，既好吃好看又营养健康。难怪呼和浩特人在特色饮食上也会以莜面为自豪。

当然，作为内蒙古自治区的首府，青城各式各样的特色菜更是青城人引以为豪的独特美食。在这里，炒米、奶茶、手扒肉、血肠、肉肠、风干肉、蒙古包子、蒙古馅饼、烤全羊等美食琳琅满目，数不胜数。其中，最为隆重的宴席就是“烤全羊”，它是蒙古族用来招待贵宾的传统佳肴，将上好的整只羊去毛后，带皮加佐料烤制三个多小时，烤好后将羊角系上红丝绸，整只摆放在长方形的木盘里，这就是烤全羊。烤全羊色泽金黄，皮酥肉嫩，味道鲜美，吃后令人回味无穷。除了色香味俱佳外，在进餐前还要举行仪式，比如高唱赞歌、朗诵祝词等。寓意着欢迎远方的宾朋到草原来，到青城来，到内蒙古来，品味独特的美食，欣赏美丽的风景，感受幸福的生活！

这里就是祖国北部边疆，草原文化和黄河文化在这里交融，多民族人民在这里和谐相处，独具特色的民族美食文化在这里汇集。这里的人热情好客，这里的景色美不胜收，这里的味道别具一格，这就是我的家乡——呼和浩特，一颗塞外的璀璨明珠！

评语：文章从雄鹰之心、塞外璀璨明珠——呼和浩特谈起，引出呼和浩特市民引以为豪的美食。不仅谈美食，更是谈风土人情，热腾腾的烧卖蒸腾起家乡幸福的烟火气，营养健康的莜面出自其乐融融的手工制作，色香味俱全的烤全羊搭配着欢歌笑语。文章笔触细腻，饱含作者对家乡美食的热爱。（点评老师：娜仁花）

指导老师：李黄龙

新西游

呼和浩特市满族小学四年级（5）班　侯文妍

在很久很久以前，语文之神让师徒四人开启了一场惊险的语文之旅……

语文之旅的第一关就是生字词和造句，这两项可都是孙悟空永远做不对的题啊！孙悟空暗中为自己加油打气。第一关，孙悟空想扮演一个慢性子，他缓缓翻开四年级下册的语文书，一页一页慢慢地翻，过了七七四十九小时后，他终于翻完了这本一百多页的语文书。闯关开始了，就在其他三人还在思考时，孙悟空已经答了出来："选A，因为暮色与天气有关，'暮'字下面是'日'，所以选A。"沙僧不可思议地看了看孙悟空，说道："哎，你小子还挺厉害呀，能答出这道题！""这算什么呀！别废话了，咱们赶紧到下一关吧！"

第二关是阅读理解，孙悟空同样轻松地写出了正确答案。其他三人夸赞孙悟空："你要是第三关也能这么轻松的话，咱们的语文之旅就成功了。"

第三关是最难的作文，孙悟空看了九九八十一本杂志，九十九本动物小说，七七四十九本童话，三七二十一本神话，四大名著也读了九十九遍。孙悟空读了这么多书，以为自己作文肯定能拿满分。第三关开始了，孙悟空思考了九十九小时零五十五分钟，还是没想出来。时间过得很快，第三关结束的时间到了。孙空悟空不甘心，请求语文之神再给他一次机会考语文。语文之神心一软，同意了。孙悟空心想："这次一定要成功！孙悟空，加油！"第三关重新开始了，这次孙悟空在纸上列了一个提纲，很快就按照提纲写完了作文，他开心极了！

师徒四人的语文之旅就这样顺利结束了。我们在做事时，一定要像孙悟空那样慢慢准备，打好基础，但也不要太慢哦！

评语：新西游记人物之新，增加语文之神；情节之新，一起踏上语文之旅，挑战环环相扣；主题之新，洞察为人之理。文章想象力丰富，结合语文学习之道，情节跌宕起伏，新意十足。（点评老师：娜仁花）

指导老师：李黄龙

因为“温暖”，生活才更“美好”

呼和浩特市满族小学四年级（5）班　曾舒辰

温暖带给人美好的感觉，温暖带给人舒服的感觉，温暖带给人幸福的感觉。

——题记

夜晚，一对拿着扫把、穿着破烂衣服的老两口坐在公共长椅上，一起吃着一碗没有热气的米饭。对面五楼的女士，打开了自己家里阳台上的窗户，默默地看着坐在公共长椅上的老两口。老两口抬头对着那位女士微笑起来，笑得那么灿烂、那么美。

这一刻，温暖如光……

在烈日炎炎的中午，一位光着身子、骨瘦如柴的老爷爷扛着沉沉的破烂儿，手推着装满破烂儿的“嘎吱嘎吱”直响的小破车，艰难地走在马路上。一名头上喷满了发胶、穿着黑色夹克式衬衫的年轻小伙子抽着烟，看着手机。他看到了那位老爷爷，立刻收起手机跑了过去。小伙子帮忙推着那辆小破车，一直推到了老爷爷要去的地方。然后，小伙子默默地继续看着手机，抽着烟走开了。

这一刻，温暖至心……

在一个暴风雨的下午，一个乞丐敲响了一户人家的门，那户人家递给了乞丐一袋烧饼，里面放着一百块钱。当乞丐打开烧饼发现里面居然有一百块钱，他的内心做起了斗争：一边想要留下这一百块钱去买点儿吃的东西来解决明天的温饱问题，另一边想要把这一百块钱还给那户人家。最终，想要还钱的一方获胜了。于是，第二天他又敲开了那户人家的门并说道：“昨天你往我的饼袋里装了一百块钱，谢谢你的好意，可这不是我通过劳动换来的钱，我不能要。”

这一刻，温暖无处不在……

温暖，是什么？是只要人人献出一点爱，这个世界就会变成美好的人间。

评语：文章描绘了三个不同场景中的温暖瞬间，展现了人与人之间真挚的情感与关爱。文章语言朴实，情感真挚，能够触动读者的内心。作者通过细腻的描写，将温暖的力量展现得淋漓尽致，让人感受到了生活中无处不在的美好与善良。（点评老师：娜仁花）

指导老师：李黄龙

我心中最美丽的“星”

呼和浩特市满族小学四年级（7）班　李书赫

我的家乡呼和浩特是一座美丽富饶的北方城市，是内蒙古自治区的经济政治文化中心。这里的人们安居乐业，和谐幸福，但这份幸福祥和都是从哪里来的呢？它来源于每时每刻都有平凡的人为我们的幸福努力工作，无私奉献，用心守护。在这些平凡的人群里就有我的爸爸。

我的爸爸是一名平凡的交通警察，但是他在我心里就是最美丽的“星”。从新华大街一直到大青山的脚下都是爸爸的工作区域，他不仅仅守护我们的家，更守护整个城市的和谐。无论酷暑还是严寒，他和他的同事们都坚守在他们的岗位上，为的是让我们这个城市有畅通无阻的道路、温暖和谐的环境、安全稳定的生活。

春天来了，春风拂动衣袖带来了徐徐轻风，小草也在偷偷地冲破泥土，一排排的大树开始长出嫩芽，枝丫随着风的节奏跳起舞来，各式各样的风筝也在天空飞舞。柏油路上车辆川流不息，车流的中央总站着那个身穿警服、一丝不苟指挥车辆的人，那就是我的爸爸。初春的小雨下起来，如细丝，如牛毛，也如绣花针，滴滴落在爸爸忙碌的身上。而他仍然伫立在雨幕中，等忙碌完稍微可以歇息时，他全身上下已经被雨淋湿。我拿毛巾给他擦分不清是雨水还是汗水的脸。爸爸说："你知道我是什么职业吗？""当然知道啦，您是交警呀。"爸爸哈哈一笑，说："对喽，全身让雨浇透了，是不是成了'浇警'呀！"看着他忙来忙去的背影，我看到了我心中最美丽的"星"。我也看到了他们用最平凡的双手绘制出了家乡的美景。

夏天，夏姑娘姗姗来迟。她东一舞，西一舞、树木和小草变得更加郁郁葱葱，花朵也更加娇艳欲滴，远处的山坡也绿得发亮。炙热的阳光烤着路人，每个人都行色匆匆地走过街头。在车水马龙的十字路口，爸爸头顶烈日，脚踏热路，正在勘查现场。他拿着相机拍照，采集证据，询问当事人，认真仔细地调查着。警服很快就被汗水浸透。在灼灼夏日里，他们早已习惯了身上的警服湿了又干、干了又湿，警服上泛起白花花的盐渍。妈妈说这衣服也太难洗了，都自带盐啦！爸爸哈哈一笑，说："我们是'焦警'，我是不是自带香味啦！"看着他每天早出晚归的背影，我看到了我心中最美丽的"星"。

秋天，秋姑娘匆匆赶来，带走了夏日的闷热，送来了阵阵凉意。秋天的风更是毫不留情，吹得沙尘漫天，吹得落叶纷飞，叶子迎着狂风到处乱舞。爸爸就在这样恶劣的天气下指挥着道路上的交通。一天下来，爸爸的嘴唇让风吹得干裂。我看着吃饭都张不开嘴的爸爸，问道："秋天是个收获的季节，那爸爸收获了什么呢？”爸爸认真地说：“我收获的是每天交通顺畅，人们平平安安出行。”在他低头吃饭的时候，我明显看见爸爸的眼角又添了几条皱纹。我看到了我心中最美丽的“星”。

冬天，冬姑娘冰雪聪明，她把一切都变成了纯洁的、晶莹的、透明的。她长袖挥舞，纷飞的雪花使人心旷神怡。房子呀，道路呀，树木呀，都变成了冰雪的世界。冬天的早晨，寒风呼呼地吹着，吹到脸上如同刀割一样疼。白雪皑皑虽是叹为观止的风景，但越是恶劣的天气，爸爸越是忙到很晚才能回家。记得那年正好是圣诞节，我和大多数小朋友一样，也想得到圣诞老人的礼物。我听到门外跺脚的人就知道是爸爸回来了，打开门一看，是一位满身都是白雪、眉毛上也是白色冰霜的人。我惊讶地说，是圣诞老人来了。爸爸看我这样说，竟然就学着圣诞老人的样子走来走去，把我和妈妈逗得乐得都直不起腰来了。看着学得惟妙惟肖的爸爸，我看到了我心中最美丽的“星”。

就是有一群像爸爸这样的普通人在自己的岗位上坚守，让我们生活在这个和谐温馨的大家庭里。他们虽然看上去很平凡，但认真履行着人民赋予他们的工作使命，彰显着他们人格的魅力，蕴含着他们这些普通人对待工作的那份执着。他们守护着家庭、青城，乃至国家的和谐安宁，他们就是我心中最美丽的“星”！

评语：文章以细腻的笔触描绘了小作者心中最美丽的“星”——他的交警爸爸。通过四季不同场景的描写，展现了爸爸坚守岗位、无私奉献的精神风貌。“浇警”与“焦警”，文章语言生动，情感真挚，让人感受到了父爱的温暖与交警工作的崇高。小作者用平凡的事例诠释了不平凡的职业精神，让人深受启发。（点评老师：娜仁花）

指导老师：李黄龙

我心中的骄傲

呼和浩特市满族小学四年级（1）班　王一博

“丁零零、丁零零……”清晨，我在一阵清脆的闹钟声响起后醒来，与爸爸开启了我的第一次登山之旅。这次的旅行，让我心中充满骄傲。

我们来到了大青山脚下，看到远处的山连绵起伏，层峰叠峦，高耸入云，犹如海涛奔腾，巨浪排空，又好似一条腾飞的龙。我一时之间找不出什么样的词语来形容它的高大巍峨，心里开始打鼓：“这么高的山，我能爬上去吗？”

春姑娘伴着春风悄然来到人间，花草树木都挺直了腰，大山变成了翠绿色。我们顺着步道开始登山。步道两旁的青草、野花、树木高高低低、错落有致，让这座大山显得生机勃勃。

我们一边爬山一边欣赏这沿途迷人的风景。远处的山脉像云烟，又像几笔淡墨似的抹在蓝色的天边。山与山之间是一团浓而厚的云雾，像是一层笼罩的轻纱，影影绰绰，只见山头，不见山脚。群山有的像孙悟空，有的像仙女，形态各异，美丽极了。山脉绵延二十多公里，山势雄伟挺拔，群峰耸列，峰峦重叠，像苏轼诗中写的那样“横看成岭侧成峰，远近高低各不同”，令人怦然心动。

就这样，我和爸爸沿着步道，爬到了半山腰。可这时我已经满头大汗，双腿发软，不想再往上爬了。我气喘吁吁地对爸爸说：“咱们就爬到这里吧，别去山顶了。”这时，爸爸鼓励我说：“志在顶峰的人，绝不会因为留恋半山腰的风景而停止攀登的脚步。再坚持一下，爬到山顶就可以欣赏更美的风景了。”我抬头看看那远处的山脉，山连着山，好像张开了手臂，在呼唤我投入它们的怀抱。我咬着牙使出全身的力气顺着步道继续向上艰难地爬着，通往山顶的路越来越陡峭，豆大的汗珠流进了我的眼睛，浸湿了我的衣服。

“三百二十一，三百二十二……”不知又登了多少级台阶，忽然听爸爸兴奋地喊道：“我们到山顶了！”那一刻我简直不敢相信我竟然真的爬到了山顶。我骄傲地站在山顶，俯视整座大青山，山浪峰涛，层层叠叠，实为仙境；山脚下的仿古建筑，玲珑剔透，粉墙黛瓦；苍翠欲滴的青松，薄薄的雾与湛蓝的天空交织在一起，构成了一幅气势磅礴的天然画卷。此时我心中顿时升起“会当凌绝顶，一览众山小”的豪迈。

爸爸走过来对我说：“坚持就是胜利，半山腰与山顶的景色是不一样的吧？人生如爬山，山脚下的人总是最多的。有些人能爬到半山腰，但也停下来了；有些人缓缓前行，但努力坚持、一步一个脚印，最终登顶，迎接自己的胜利。这个世界上没有比脚更远的路，没有比人更高的山。在爸爸小的时候，那时的大青山还没有登山步道，要想爬到山顶得花费一天的时间。那时的山光秃秃的，一片荒凉。转眼之间，大青山经过生态改造，现在变成了我们这座城市的后花园。”

听了爸爸的话，我再次眺望那远处的山。它就像一位饱经风霜的老人，见证着我们这座城市的发展与变化。它又像一个摇篮，把它怀里的这座小城摇进了梦乡。一道山脉涵养一座城，我想，正是先有了大青山，才有了我们这座依山而建的青城。它为我们抵挡了漠野的寒风，使我们这座小城变得更加温暖；它养育了我们一代又一代的青城人，让我们在这里繁衍生息。它的朴实、无私、巍峨已然刻进了我的心里。

我骄傲，我突破了自己，成功登上了山顶，可以领略大青山独一无二的美景。我更骄傲我生活在大青山孕育的这座美丽的城市——青城。

评语：文章笔触细腻，描绘出小作者与父亲共同攀登大青山的经历。“山与山之间是一团浓而厚的云雾，像是一层笼罩的轻纱，影影绰绰”，从中感受到了大山的巍峨壮丽，富有画面感。通过登山经历，小作者不仅锻炼了意志，更对家乡大青山和青城有了更深的了解和热爱，表达出了心中的骄傲之情。（点评老师：娜仁花）

指导老师：李黄龙

七色的爱

呼和浩特市满族小学四年级（2）班　刘孟桥

有些人的爱是红色，因为红色代表热烈；有些人的爱是紫色，因为紫色代表神秘；有些人的爱是白色，因为白色代表纯洁……而我的爱则是七色的，因为这份爱源于蒙古族多姿多彩的文化。

蒙古族的服饰独树一帜，色彩斑斓。或红或蓝的蒙古袍同鲜亮的腰带、宽大的马靴和独特的头饰浑然一体，与蓝天、白云、绿草、红花形成了一种天然的和谐。

蒙古族最具特色的美食当属红色的肉食和白色的奶茶。蒙古族人最爱的就是夏日周末与家人围坐在毡房里，喝着醇香的褐色奶茶，嚼着烤得紫红的羊背，品尝着餐桌上白色的奶豆腐、黄色的炒米等五颜六色的美食，陶醉在一场视觉不输嗅觉的盛宴之中。

蒙古包是最具蒙古族特色的住所，洁白的蒙古包像繁星一样散落在一望无垠的碧绿草原上，给这块无边的绿毯绣上了白色的花朵。

在旅游时曾有人问我：你是怎么去上学的？我骄傲地告诉他：骑马。虽然是玩笑，但这就是蒙古族，一个马背上的民族。除了棕色、白色的蒙古马之外，还有那承载着民族的历史和文化、在草原上穿行不息的棕色勒勒车，那也是这个古老游牧民族的交通工具。

“赤橙黄绿青蓝紫，谁持彩练当空舞？”内蒙古的草原是美丽的，是五颜六色的。从历史岁月中款款走来的蒙古民族，他们同样拥有着绚丽多姿的七色文化，这七色的文化根植于蒙古族独具特色的衣、食、住、行中，它如草原上的一道彩虹，积淀了蒙古族人吃苦耐劳、一往无前的蒙古马精神。在新时代，蒙古族必将一往无前，继续谱写多彩文化的新篇章。我爱这多彩的颜色，更爱这悠久灿烂、五彩缤纷的文化。

评语：这篇作文通过生动的笔触，展现了蒙古族丰富多彩的文化特色，从服饰、美食、住所，到交通工具，都充满了浓厚的民族风情。作者巧妙地运用色彩描绘，使文章更加形象生动，同时也表达了对蒙古族文化的热爱和赞美。整篇文章语言流畅，结构清晰，是一篇充满文化气息的优秀作品。（点评老师：娜仁花）

指导老师：李黄龙

开在餐桌上的“白花”

呼和浩特市满族小学四年级（3）班　姜子舒

“欲把烧卖比白花，香味浓郁谁如它？”呼和浩特市的“白花”是哪朵仙花也比不上的。这朵花就是闻名天下的青城美食——烧卖。为什么夸张地说“闻名天下”呢？因为烧卖是色、香、味俱佳呀！

开门见“花”

早晨，爸妈带我去烧卖馆，一推门便瞧见好多顾客有说有笑、气氛愉快。雪白的、圆润的、好似白花的烧卖摆在一张张桌子上，我都想趁客人不注意偷偷地拿一个诱人的“花朵”呢！烧卖皮的褶皱错落有致、优雅地舒展着，十分像和林格尔县南山公园的一朵朵芍药。这一个个诱人的“花朵”时时刻刻勾引着我，我的口水都不由自主地流下来了。

终闻“花”香

在我沉浸在美好的想象中时，爸妈早已点好烧卖等我过去吃了！刚坐下，就一阵香气扑鼻而来，烧卖的香味使我垂涎欲滴、如痴如醉。笼屉里的蒸气弥漫，让我的脸热乎乎的，舒服极了！我赶忙拿来小碟子，倒上半碟山西陈醋，撒上一勺托县辣椒，这样的小料才配得上烧卖呀！

口中尝“花”

我拿起筷子，不管三七二十一，直接将烧卖塞进嘴里。顿时，烧卖烫得我嗷嗷大叫，我感觉我的舌头已经烫熟了，根本没尝出味儿。吸取了教训，我又夹了一个烧卖，细细品尝，这次我尝到了淡淡的葱香和浓郁鲜美的羊肉味。吃下去的一瞬间，我整个人都充满力量，暖暖和和，那种感觉就像在亲人温暖的怀抱之中。

我总算知道这朵“白花”为什么那么受欢迎了，小小的烧卖有着八百多年的悠久历史，在这漫长的岁月中，人们一直保留着这份传承，并逐渐形成了我们呼和浩特独特的饮食文化。聪慧的呼市人民利用草原的恩赐——羊肉，用最简单的烹饪方式创造出这片土地特有的传统美食烧卖，连清朝的乾隆皇帝都曾对它赞不绝口呢！长期在北京生活的二叔一家，每年过年回来都要尝一尝这道思念已久的家乡美食。一笼烧卖、一壶砖茶，早已经成为呼市人民开始一天生活的特殊方式。这一个个烧卖让我们充满了活力，使我们精神饱满，浑身暖洋洋的，给我们带来了极大的满足感，使我们幸福极了！烧卖真是人见人爱的美食，也真是一朵朵盛开在餐桌上的“白花”！

评语：文章开篇便以小作者独创的两句诗引入，有先声夺人的效果，引起读者的阅读兴趣。开篇两句诗不仅精练地表现烧卖的外在形态与其别具一格的香味，更是化用了苏轼的《饮湖上初晴后雨》中的“欲把西湖比西子”一句，展现了小作者的文字功底及其文化底蕴。文章结构清晰，内容丰富，结尾由写烧卖的色、香、味转入追忆烧卖的悠久历史，深化文章主旨，使意蕴更为深厚。总之，文章不论从内容结构方面，还是语言表达方面，都堪称一篇佳作。（点评老师：李娜）

指导老师：李黄龙

深呼吸，闭上你的眼睛

呼和浩特市满族小学四年级（3）班　许珈绮

我“醉爱”这青城的美景，它会让你心旷神怡。如果你能沉浸其中，那就请深呼吸，闭上你的眼睛，让我带你一起去感受家乡的南湖湿地之美。

来到湿地的树林旁，听！群鸟吟唱着悦耳的歌谣，风孩子随风舞蹈，树姐姐们轻轻地哼唱，发出“沙沙”的动听歌声，在林间回荡。指南草、萨日朗花一起跟着歌声摇摆。仿佛一场精彩的音乐剧！

来到湖畔，脚下的芳草散发出阵阵清香，湖中不时发出轻微的响动，那是鱼儿们在推动着一艘小船，推动着那艘载着孩子们梦想的小船向前行进。

再让我带你到绿茵茵的草地上去看一看，小朋友们像一群群活泼的麻雀，嬉戏、玩耍。这正是放风筝的好季节呀！瞧，天空瞬时变成了美丽的海洋公园：黄色的小丑鱼游来游去，调皮得很；大章鱼也来了，它挥动着长长的触角，威风凛凛的；还有成双成对的燕鱼，跳起了双人芭蕾……

向远处眺望，一座座神圣的敖包上，五彩斑斓的小旗随风舞动，仿佛在跳蒙古族最热情奔放的舞蹈：抖肩、翻腕，舞姿挺拔，动作十分优美，让我陶醉其中。各色的彩带围绕着敖包，寄托着草原人民的美好祝愿与期望。神圣的敖包啊！我多么希望你把我的思念捎给远在他乡工作的爸爸，告诉他我好想他，想亲亲他的脸颊，给他一个温暖的拥抱……敖包像慈祥的老阿妈一样，把亲人们的祈福捎去远方，去安慰远在他乡的孩子。

我想自豪地告诉大家，这就是呼和浩特市独特而美丽的地方——南湖湿地。它像镶嵌在繁华城市里的一颗美丽的草原明珠，散发着它特有的光彩，让我们每个人都沉醉其中。它更像一张青城明信片，在青城人民心中占有重要地位。每当我思念远方亲人的时候，我就会来到这里，看看我们一起许愿的敖包，看看我们一起放风筝的地方……

评语：文章第一段便将读者带入一种情境之中，让读者也不由自主地沉下心来，跟随小作者优美的文字，徜徉在南湖湿地美景之中。小作者情感细腻，对景物的描写生动细致，采用移步换景的写作手法，条理清晰。另外，文章展开了丰富的联想与想象，多处运用比喻、拟人、排比的修辞手法，使描写的景物更为生动形象，吸引读者阅读，这是本文的一大亮点。结尾既是总结又

是深化，从更深层的文化角度表现了南湖湿地对小作者以及呼市人民的重要意义。（点评老师：李娜）

指导老师：李黄龙

我心中的诗与远方

呼和浩特市满族小学四年级（7）班　史埔荣

为了追寻自己心中的诗与远方，有的人会去四季如春的云南畅游，有的人会去神圣的布达拉宫朝拜，有的人会去神秘的胡夫金字塔探索……而如诗如画的青城，青城的四季轮回，就是我心中的诗与远方。

浪漫的春

青城的春天是唯美浪漫的。人间四月芳菲尽，“青城”桃花已盛开。公主府里，一朵朵桃花像一个个少女的脸庞，娇美灿烂，楚楚动人。一阵春风拂过，花瓣纷纷飘落，仿佛下了一场桃花雨，如人间仙境。青城的人们从四面八方赶来赏花，将青城最浪漫的风景珍藏在记忆里，定格在照片里。

缤纷的夏

青城的夏天是美轮美奂的。每一棵小草都是一个绿色精灵，欢快地跳动在一望无际的旷野，不知不觉间，呼和塔拉万亩草原迎来了满眼的碧绿与生机。一簇簇不知名的野花竞相绽放，黄的鲜嫩、蓝的沉静、红的似火……瞬间给大草原穿上了一条漂亮的百花裙。能容纳千人的蒙古包会议中心就屹立在草原的一角，羊儿星星点点地散落在草原上，让人们的心情无比舒畅。

绚烂的秋

青城的秋天是无比绚烂的。天高气爽，踏着金秋的落叶，迎着初升的朝阳，来到美丽的昭君博物院，真实感受一下“北地草皆白，惟独昭君墓上草青如茵”的传说。在这里，可以弹奏琵琶、吟诵诗文，远离车水马龙、尘世喧嚣，让自己心静如水，与内蒙古独有的昭君文化来一次面对面的交流，与这位奇女子来一场深层次的对话，拓展思维的广度，增加灵魂的深度。

雪白的冬

青城的冬天是粉妆玉砌的。快乐的雪花纷纷扬扬地飘落下来，辉煌的召庙建筑——大召寺在冰雪的掩映下，显得更加神秘和庄严。青城的人们来到这里，听一听大召寺的钟鸣，看一看神秘的恰木舞蹈，祈祷美丽的青城来年风调雨顺、吉祥如意，也是别有一番情味。

这就是如诗如画的青城，这就是青城的四季轮回，这就是我心中的诗与远方。如果你也被青城的独特美景打动了，我希望它也能成为你心中的诗与远方。

评语：小作者写作思路清晰，描写生动，文笔优美，构思独特。以“诗和远方”为线索串联起对青城春、夏、秋、冬四季景色的描绘，按“总分总”的结构，描写了青城四季各具特色的风景，结构清晰。文章语言简练准确，兼用比喻、拟人等修辞手法，增添文章的文采，结尾集中表达小作者对青城的热爱。整篇文章首尾连贯，一气呵成。（点评老师：李娜）

指导老师：李黄龙

奏响幸福的交响乐

呼和浩特市满族小学四年级（7）班　徐逸轩

“敕勒川，阴山下。天似穹庐，笼盖四野……”

晨光熹微，东方露白。

当黎明的第一缕曙光划破苍穹，让我们随着阳光，品一口醇香的奶茶，奏响幸福的交响……

晨辉中，悠扬的马头琴声拉开序幕，威武的成吉思汗雕像身披霞光，隆重登场，把这交响指挥得慷慨激昂。青城万物皆是乐手，听：鸟儿伴着风儿鸣唱，妈妈在厨房把打击乐敲响，我的读书声响亮……奔驰的地铁、纵横交错的立交桥，将这幸福的交响传向八方……

朝阳升起，大街小巷车水马龙把经典传唱。一笼笼热腾腾的烧卖、一碗碗香喷喷的羊杂、一句句老师们的谆谆教诲、一阵阵同学们的欢声笑语把这交响奏得无比舒畅！

夕阳西下，余晖为这交响增添无限光芒，协奏、重奏此歇彼响。我们这一群群放学的“小百灵”手拉着手、肩并着肩也加入晚高峰的交响。看，那下班的人潮，那如梭的车流，在街道上蜿蜒流淌，淌过纵横的立交桥，流过便捷的地铁……我回到妈妈的怀抱，弹奏起夜晚的快乐，书写年少的梦想……

夜幕低垂，华灯初上，这幸福的交响也更加激昂。东河广场摇曳的霓虹轻抚音乐喷泉的丝丝长发翩翩起舞；塞上老街璀璨的灯火让人醉眼迷离，轻吟异域的老歌，多么令人难忘。城市在一盘盘热腾腾的手扒肉、一碗碗浓烈的马奶酒、一首首豪迈的祝酒歌声中渐渐醉去……我的琴声已停，读书声渐弱，在妈妈的安眠曲中酣然入梦……

这幸福的交响，日复一日、年复一年，经久不衰。这交响中有我儿时甜蜜的记忆，有充满了家乡人们的热情……一音一符、一曲一阕，都深深地烙印在我内心深处。这交响穿过茫茫大草原，掀起碧浪，听得巍巍大青山也慷慨激昂。待我长大，我愿做那拉着马头琴的小苏和，把这幸福的交响越奏越响，让青城更加辉煌！

评语：文章感情真挚丰富，一字一句都洋溢着小作者对生活的热爱、对青城的眷恋，一撇一捺都满盈着小作者的朝气蓬勃，这都得益于小作者高超的文笔。文章构思新颖，以“交响乐”为主题，贯串全文，使文章结构紧凑，脉络清晰。文章内容丰富，文笔细腻又不乏豪迈，既描绘青城的自然景观，又描摹青城的人文风情，生动地再现了家乡的广阔面貌。结尾段落整散结合，气

韵灵动，升华主题，彰显小作者的责任与担当精神！（点评老师：李娜）

指导老师：李黄龙

多彩青城

呼和浩特市满族小学四年级（3）班　吴家漩

青城是我可爱的家乡，蒙古语意为“青色的城”。它既是一座历史悠久的文化名城，又是一座富有生机的现代化都市。今天，我就带着大家逛逛这座可爱的城市。

一两烧卖的温情

要说塞外青城呼和浩特最有名的小吃，恐怕非烧卖莫属。蒸熟的烧卖就像是一朵朵乳白色的芍药花，晶莹剔透，让人垂涎欲滴。夹起一个烧卖轻轻地咬上一口，让羊肉的醇香在唇齿间荡漾，嗨，别提多带劲了！再配上一壶浓浓的砖茶，那真是“一两烧卖一壶茶，一叙温暖一座城”，呼市人的幸福感油然而生！

“漠南第一府”的恢宏

吃饱喝足了，我们就去参观一下青城有名的将军衙署。安静古朴的将军衙署矗立在呼和浩特市最繁华的大街中心，与它周围林立的高楼和车水马龙的大街形成了鲜明对比。这座古朴幽静的衙署全称是绥远城将军衙署，是清代绥远将军管辖归化城、漠南蒙古及统领大同、宣化等地驻兵的办公衙门。灰墙青瓦、大石狮子、斑驳的影壁……流连其中，让我们感受到了它在历史的年轮里经历的种种过往。

小青马“飞飞”的自豪

参观完名胜古迹，我们再去坐坐呼市的地铁。青城地铁的开通使呼市成为国内第三十八座开通地铁的城市。这无疑增加了我们的自豪感！走进呼市地铁站，宽阔的大厅、干净的环境映入眼帘；工作人员个个衣装整洁、朝气蓬勃、认真负责，他们就像是活泼可爱的吉祥物小青马“飞飞”。“飞飞”是一匹充满了能量与活力的机器马，表达了呼和浩特地铁科技感与内蒙古传统文化的交融碰撞，展现了青城人民吃苦耐劳、一往无前的蒙古马精神。我深信，在“飞飞”的陪伴下，这座古老的城市未来一定会大放异彩！

啊！多彩青城，草原明珠！我爱你迷人的特色美食，我爱你悠久的历史文化，我更爱你生机勃勃不断发展的步伐……身为一名青城人，我无比自豪！

评语：文章采用“总分总”的结构，脉络清晰，首尾呼应，主题突出。文章紧紧围绕家乡青城的悠久历史和现代发展进行写作，既呈现一种历史的纵深感，也展示出历史的厚重感。文章以细节见长，“灰墙青瓦”“斑驳的影壁”引人遐思；用“飞飞”彰显青城的蒙古马精神，以点带面，详略有致，展现小作者扎实的写作基础。（点评老师：李娜）

指导老师：李黄龙

爱是一道光

呼和浩特市满族小学四年级（5）班　崔玉清

青城呼和浩特冬天的早晨特别冷清。我的家离学校很远，一大早，妈妈骑电动车载着我，顶着星光去上学。寒风呼啸，直吹脸庞，犹如刀割一般疼痛。“来，抱紧妈妈，贴住我后背，我就是你的挡风墙。”妈妈温柔的声音逆风传入我的耳朵，一股暖流也顺着她的后背传到我的胸膛。我又紧了紧环抱她的双臂。电动车速度很快，不知不觉已到学校门口。在星光的辉映下，远去的红色的尾灯将妈妈的背影拉出一条长长的红线，那是一道耀眼的光芒。

晚上回到家，妈妈和往常一样给我们准备了可口的饭菜，但她没吃几口就进卧室了。我好奇地跟了过去，只见妈妈手拿电话贴在耳边：“李大夫，我婆婆手术后身体很虚弱，想向您咨询一下目前的饮食调理和注意事项。”妈妈焦急地询问，还快速在纸上记下要点，末了频频地对着电话说谢谢。

紧接着，妈妈一边快步走出卧室，一边摸着我的头说：“你和妹妹好好写作业，我出去一趟。”话音未落，她便匆匆忙忙地走了。过了好一会儿，妈妈提着两大袋子东西回来，看上去很疲惫。我扫视一眼透明的塑料购物袋，里面都是给奶奶买的药和营养食材。

夜深了，妈妈还在厨房给奶奶熬药。我看到月亮旁边有一颗闪亮的星星，不仅联想，妈妈就是一颗星，是那么温暖、明亮。我对着星星暗下决心："我要好好学习，不给妈妈添乱。"

日子如常，我们的生活在妈妈的照料下按部就班。那天放学，我着急出去玩，作业写得很潦草。妈妈翻开本子一看，严厉地叫我重写。我心里有十万个不愿意，但不能不写。我气鼓鼓地想："不就稍微有些乱吗？有什么大不了的？"

写着写着，天都黑了。我抬头望着窗外，似乎那颗星星正在向我眨着眼睛，眼神中还泛出晶莹剔透的光。我想，也许是它也为我而难过、伤心吧。

这时，妈妈端来一杯热腾腾的牛奶，透过牛奶的热气，我看到妈妈眼里闪烁着爱的光芒。妈妈虽然很严厉，但她是一如既往地疼爱着我啊！我顿时心生内疚。

妹妹的生日到了，妈妈买了一个漂亮的生日蛋糕，还配了一个五角星形状的蜡烛。当蜡烛被点燃的那一刻，跳跃的小火苗四溅，形成一个亮晶晶的五角星。烛光里，妈妈的面容已经不再年轻，但仍旧神采奕奕。她温柔地对我们微笑，笑容里饱含着深深的爱……

2020年冬天，疫情突如其来。当时正值新年，从爸爸妈妈的谈话中得知，社区防疫工作人手不够，他们都要去值班，但当时奶奶刚化疗完身体很虚弱，我和妹妹也需要照顾。为了能为防疫出力，妈妈决定白天在家照顾我们，晚上到社区值班。那段时间，妈妈披星戴月地出去值班，凌晨才回家，等我们都起床，可口的早饭已经准备好了。

现在我长大了，在妈妈的严格教育下，我对待学习的态度越来越认真，奶奶的身体也恢复了健康。闲暇时翻看妈妈心爱的老相册，最喜欢的是那一张：妈妈身着军装，站在雄伟的布达拉宫广场前，英姿飒爽，开心自豪。而现在呢，妈妈变了风格：和蔼温暖，光芒四溢。

在我眼里，不论是过去在军队保家卫国，还是如今在家乡努力工作、呵护我们这个小家，妈妈都是一颗最耀眼的明星。她的爱，是一道光，照亮我的人生！

评语：文章娓娓道来，形散而神不散。读至文末，能感受到小作者对她母亲的理解、爱与敬佩之情越来越浓厚，感人至深。文章也善于选取典型事件来反映母亲的形象，将记叙、描写、抒情这三种表达方式不着痕迹地融为一体。更为难能可贵的是小作者不仅透过生活的点滴感受到母亲的美好品质，也在母亲身上汲取到了精神的力量！（点评老师：李娜）

指导老师：李黄龙

青城“七十二变”

呼和浩特市满族小学五年级（6）班　于楷祺

亲爱的孙大圣：

您好！

我从小就十分崇拜您，您的各种妙不可言的法术令我心醉，尤其是您那七十二变最让我浮想联翩。今天我要向您介绍我成长的城市——呼和浩特，别名“青城”。最近我发现青城好似被施了法术，也拥有了这“七十二变”的本领，其中最明显的当属交通变化了。下面让我给您讲讲这大美青城的交通变化之快。

地下闪电

之前青城的交通十分不便利，经常堵塞。早晚高峰时，路上的车辆排得像一条长龙，而移动的速度犹如蜗牛。汽车喇叭声此起彼伏，震耳欲聋。虽然我们的青城不大，但听大人说交通堵塞程度都可以和北京、上海那样的一线大城市相比了。

幸而地铁出现了，它以风驰电掣般的速度穿梭于城市的地下，将人们快速送到目的地。坐在地铁上感觉十分平稳，还可以听见“嗖嗖”的声音，窗外的景物都在飞快地倒退。原来几十分钟的路程，现在只需要几分钟！这样快捷的交通工具是不是像闪电呢？另外，地铁是靠电作为主要能源，这样的交通工具既环保又节能，让青城的天更蓝了一些！

这样的“闪电”改变了青城的速度，我爱这座变快的青城。

陆地上的彩虹

从前我家门口只有一条窄窄的马路，这条路经常挤满了汽车，堵得水泄不通。现在一条犹如彩虹的金海高架桥屹立在那儿，它贯穿了青城东西。现在从呼和浩特最东边到最西边坐车只需要几十分钟！行驶在桥上，你可以和两边的高楼大厦并肩，还可以俯瞰街边不同的美景。

城市守护者

二环快速路环绕着青城，就像一条气势磅礴的巨龙守护着这座城。听姥姥说四十三年前的呼和浩特只有一条正经的柏油路，想去城内很多地方都得东绕西绕。而现在的道路四通八达，交通再也不是问题。现在想绕青城一圈十分容易，从二环快速路走，只需要三十多分钟，之前绕一圈要几个小时呢。

这座城市在以风一样的速度变化，除了变得更快了，还变得更美了——景美、物美、食物美、人美。我爱大美青城！孙大圣，我真心想让您来看看这有着“七十二变”的青城，不知道您期不期待呢？

祝

永远年轻

您的粉丝：于某某

2021年2月3日

评语：小作者别出心裁，通过向“孙大圣”写信的形式，展现呼和浩特市的变化。同时，小标题中将“地铁”“马路”比作“闪电”“彩虹”，具有神话色彩，与“孙大圣”的七十二变相呼应。另外，地铁运行等细节，描绘得生动可感，体现出小作者观察生活细致入微。结尾处，升华主题，从景美，延伸到物美、食美、人美，感情真挚，能很好引起读者的共鸣，很棒！（点评老师：王茜）

指导老师：李黄龙

青城冰棍

呼和浩特市满族小学五年级（2）班　高逸晨

一阵闷热的风吹过，蝈蝈不耐烦地叫了两声，我的心早已烦躁不安。在一阵阵冰棍的叫卖声中，在一阵阵咔嚓咔嚓的牙齿切割声中，不知是那银白的、纯洁的冰花渲染了我的心灵，还是那份清静中的打战、跳脱尘世的清凉吸引着我……

我买来了一根青城冰棍，咬一口，当温暖的舌头碰触在冰上时，不禁让人打个寒战，倒吸一口凉气，又吐出浓浓的冰之气息。这时，口水已经禁不住打战的诱惑，必须咽一口口水，才能让牙与冰相融，牙爽得直打战。那浓郁的香甜气息，让牙忍不住又咬一点。那洁白无瑕的冰是那么晶莹，牙一下子咬下来一块冰，却溅起了点点冰花，那冰花一触及温暖的口腔，立刻化成水缓缓滑进喉咙，如山泉甜饮。我一发不可收，一下下咬下去，仿佛进入了传说中的仙境，心情愉悦极了。

一个酷暑的下午，我与朋友因意见不同大闹一场，我的眼泪在眼眶里打转，几步跑回家。一进家门，我跌坐在躺椅中，紧紧地闭着嘴唇。我生气地用劲打开冰箱，把青城冰棍取出，使劲咬两口，打了个寒战，眼泪控制不住滴在上面，却是水冰不容、那滴眼泪，仿佛冰棍的眼睛，水灵灵的。我悲伤的情绪加了一点别样的心境，青城冰棍给我带来了一些慰藉。我吃了几口，品了几下打战之味，仿佛又进入了那清静中的仙境，心一下子静下来，是是非非，这才有心思好好想一想。望着半截冰棍，回忆起和朋友间欢乐的时光，转念一想，不知多少青城人把它作为化解矛盾的美食，不知多少人把它作为友谊的桥梁啊！

吃青城冰棍的打战，是牙齿的抖动与心灵的碰撞，是激情的颤动与丹田的交融，在碰撞与交融之间，让我陶醉，心旷神怡。我在这打战之中，慢慢享受着。打战是豪爽的抖擞，是快乐的颤动，是忧愁的释放。青城冰棍是青城人的必备，但它不仅仅是美食，还是青城人所特有的青城情！

评语：注意观察具体事物，展开合适的想象，并通过生动形象的语言，表现出吃冰棍的感受，使人如临其境，是本文的成功之处。全文运用多种修辞手法，使文章于清新秀逸中显出灵动。另外，作品并不仅仅局限在对“物”的描绘，而是巧妙地将“物”与“情”结合在一起，“情”的抒发既有个人之情，也有群体之情，使文章有层次、有深度、有情怀。（点评老师：王茜）

指导老师：左右

悦青城

呼和浩特市满族小学五年级（3）班　周泳欣

我的故乡内蒙古是一片神圣的土地，首府呼和浩特市更是一座英雄的城市。呼和浩特蒙古语意为青城，如今的青城，一条条街道面目一新，一座座标志性建筑拔地而起。华灯初上，环城公路，立交桥、高速公路纵横交错，灯火通明，像一条彩带伸向远方。虽然喧闹的城市代替了宁静的大草原，人们改变了游牧生活，住进了现代化的住宅小区，但这里的人们依旧崇尚与大自然和谐相处，永远追求绿色、环保、健康、快乐的生活方式。

初春的黎明，走进公主府花园，映入眼帘的依旧是那如约而至的盛开的桃园美景。一朵朵鲜艳的桃花绽放开了，粉的、白的，簇拥在一起，让人眼花缭乱。顽皮的小朋友在树丛中玩着捉迷藏，他们奔跑着，他们欢笑着，他们的笑容宛如一朵朵灿烂的桃花，那样的天真无邪，真是惹人喜爱。桃花丛中，有几位女士穿着绸衣，或在桃树下优雅地静立，或在长椅上休憩，沉浸在那清雅的桃花香中，感受着春的气息。听，一阵悠扬的古琴声，这里有几位老爷爷正在打太极拳呢。他们的脚一来一回踱着方步，眼睛微微闭住，双手在胸前一放一收，好像有一个圆球在手中翻滚，再加上他们穿着宽松随性的衣服，把中国功夫表现得淋漓尽致，竟然给人一种神仙下凡的感觉。微风吹拂，几朵花瓣落下，此情此景，仿佛到了仙境，令人陶醉。别说摄影师们，就连闲步的游人，也被这美景吸引，连连按下手机相机按键。

夏天的午后，太阳晒得大地冒着热气，喜欢运动的人们迫不及待地来到青城最大的游泳馆——全民健身中心。走进游泳馆，一股清凉扑面而来，单是看见那清澈的池水，心中的燥热便消去一大半。专业比赛池旁人山人海，哇！原来是一场游泳比赛马上就要开始了。八名运动员热身完毕，跳进游泳池，做好起跳的姿势，蓄势待发。只听“砰”的一声，大家像离弦的箭一样一起射出去，溅起水花。每位选手都动作娴熟，节奏紧凑。大家实力相当，其中五号泳道的运动员首先占据领先位置，把其他人都落在后面。但三号、八号泳道的选手也不甘示弱，双手有力地划着，双脚猛蹬着，奋起直追，随时准备超越对手。比赛到了白热化的阶段，只剩最后一圈了。三号一直右侧呼吸，眼睛一直盯着五号，在折返点，三号选手一个猛蹬，完美转身，用力俯冲，一下子超过了五号。五十米，三十米，十米……马上要到终点了，大家屏住了呼吸，只有眼睛跟着选手移动，生怕错过什么精彩瞬间。“到达终点了！”“三号！三号！”“赢了！”“胜利了！”欢呼声震耳欲聋。三号运动员把头浮出水面，张大嘴用力地呼吸着，看着大屏幕上的比赛成绩。水从他的头顶流下来，这水里夹杂着的汗水与泪水，为他换来了此刻的掌声、笑声、喝彩声！

秋日的大道上，一场盛大的自行车环城比赛隆重开幕了。高手云集的赛道上，整齐地排列着自行车。随着一声枪响，运动员们你追我赶，毫不相让。选手们如千万匹战马一样齐头并进。他们骑过纪念草原丝绸之路的文化公园，骑过展现民族文化的内蒙古美术馆，骑过记录收藏历史的内蒙古博物院；他们骑过秋风散落树叶的马路，单车飞驰而过，落叶漫天飞舞；他们骑过美丽的大青山骑行专道，道路两旁的花草都弯腰向他们致意。沿途的溪水，高耸的山峰，平时让人流连驻足的美景此刻都不能让选手们停下双脚。他们疾驶、转弯、冲刺，每一段路程都是他们追逐梦想的征程，都是不断挑战自我、不懈拼搏的奋斗历程，这就是顽强不屈的青城人民！

冬日的太伟滑雪场热闹非凡。天气越冷，这里的热度就会越高。绿草不见了，五颜六色的野花不见了，万物都是白茫茫的。远处的树和山丘被白雪覆盖得高低起伏，让人们去遐想山那头的诗和远方。滑雪带给人们的快乐，是再温暖的房子也比不过的。大家穿戴好滑雪装备，在白茫茫的雪场上畅滑，身心无比畅快。在雪地里，即使你穿着并不鲜艳的衣服，也会在白雪的衬托下变成那个最耀眼的明星。滑道的起点有几名运动员，他们穿着红色的滑雪服，踩着双板从高级道上俯冲下来，置身于这雪白的世界。他们一会儿平行急转弯，一会儿用手触着雪地，来一个四十五度角贴地滑行，到底部时突然八字急刹车，滑行顺畅自如，收发有度，引得众人连连赞叹。大自然让我们感受到了人类的渺小，同时又让我们认清自我，放飞自我，挑战自我。

悦动的青城，悦动的青城人。他们热爱运动，热爱生活，热爱这片土地。他们拼搏、进取、超越、创造，不只在运动中，也在工作、学习、生活中。流汗、流泪不会让他们退缩，因为这一切都是大自然赋予他们的无限力量与财富……

评语：文章开头交代得十分清楚，起到总领全文的作用。文章主体部分取材于真实生活，选材恰当，“公主府公园”“全民健身中心”“草原丝绸之路文化公园”“太伟滑雪场”都是著名景点，能够很好地展现呼和浩特市的城市风貌与人文特点。同时，用四个季节将景点串联起来，很有新意，段落分明，过渡自然，情趣盎然，可读性强。结尾处连用短句，表意明确利落，也是本文的一大亮点。（点评老师：王茜）

指导老师：左右

最美家乡

呼和浩特市满族小学五年级（5）班　安俊宇

我出生和成长的地方，是我国北方一座美丽的城市，它是内蒙古自治区的首府——呼和浩特。它北靠大青山、南临母亲河黄河，是一个多民族居住的大家庭，汉族、蒙古族、满族、回族等人民愉快、和谐地生活在这里。

家乡的天空一年四季都是瓦蓝瓦蓝的，像一汪清澈见底的湖水，那瓦蓝之中，悠闲地游着片片云朵，不禁让人想抬起手指去触摸一下，指尖瞬间仿佛也被染成了蓝色。

每年一到四月，家乡就被如约而至的春天唤醒，焕发出勃勃生机。市内分布的大大小小的上百个公园，便会绿树成荫，百花争艳，湖水清澈见底，让人流连忘返。置身于公主府公园的桃树林中，放眼一望，一片粉色的海洋，一阵微风拂过，花香迎面扑来，一股自然清新的气息沁人心脾，粉色的海洋随风波动。

到了夏天，晚饭后一家人手牵手漫步在如意河边，那是我最开心的时刻。伴随着优美动听的音乐，各组喷泉姿态万千，在水下彩灯的照射下，显得格外美丽。随着音乐节奏的变化，时而像怒放的花朵，时而像飘逸的丝绸，时而又像直冲云霄的巨龙。虽然溅起的水花会打湿人们的头发和衣衫，但大家不会躲闪和离开，都尽情享受着喷泉带来的凉爽和惬意。

到了秋天，蒙古族人民为了庆祝丰收，会在赛马场举行隆重的“那达慕”大会。摔跤、赛马和射箭是大会上必不可少的项目。那精彩绝伦的比赛、富有民族特色的歌舞，一定会让你沉浸在丰收的欢乐之中，也会感受到草原人民的热情与好客。

期盼已久的第一场大雪终于来临，房屋、树木、大地都披上了银装，好像整个世界都是白色的，闪闪发光。向北远眺，大青山全白了，像一条蜿蜒的白色巨龙，守护着我的家乡。

我觉得我的家乡是世界上最美丽的地方，我要用我毕生的精力去建设它、守护它。

评语：文章首尾照应，结构完整，同时结尾点明中心，深化主题。文章主体部分，对事物观察具体，并能够展开合理想象，真实具体又充满趣味，是篇好文章。小作者合理运用修辞手法，通过自身细致入微的观察，逼真刻画多种景物，将那些刹那，化为笔尖上灵动的永恒，读者可以从中真切感受到小作者对大自然的喜爱和对家乡的眷恋与热爱。（点评老师：王茜）

指导老师：李黄龙

我思念的家乡美食——焙子

呼和浩特市满族小学四年级（4）班　高浩洋

能体现呼和浩特特色的美食有哪些呢？要说的话，那当然少不了我最喜爱的焙子。

记得小时候，在老家旁边的小巷子里有一家焙子铺，每天早上都有排着长队等候买焙子的人，热气腾腾的焙子一出锅就被一抢而光，远远地就会闻到焙子的香味，那正是我一直思念的家乡味道啊！

薄薄的外皮由金色、淡黄色、白色三种颜色组合在一起，光看看就会让人流口水。掰开以后里面松软，呈雪白的薄片状，层层叠叠，夹杂着油酥，就像白色的织布一样。一口下去，脆薄的表皮在嘴里炸开，麦香味像清泉一样从舌尖慢慢浸入；再咬一口，嫩嫩的肉馅让人觉得十分有嚼劲，随之，更浓的麦香像花粉一样在嘴里蔓延开来。脆脆的外皮，嫩嫩的肉馅，加上浓郁的麦香，真是让人回味无穷。

如今，由于父母在外地工作，我已经离开呼和浩特，却还时常思念着家乡的焙子。

今年暑假回了趟老家，在到家第二天的清晨我就跑到那满是回忆的小巷买了一个热乎乎的油酥焙子。我走在铺着鹅卵石小路的巷子中，手里拿着刚出锅的焙子，热热乎乎的，迫不及待地咬上一口。小巷两旁是古香古色的木屋，勤劳的买卖人吆喝着。忙碌的人们买上一笼焙子作为上班时的早餐，老爷爷们在摊位上吃着物美价廉的香酥焙子，就着一碗羊杂碎，聊着古今趣事……我顿时感到无比放松、踏实。

对啊，这就是家乡的味道！此时，我仿佛又回到了小时候，仿佛又回到了家乡的怀抱中，感受着家乡的一切变化和美好。

我思念家乡的焙子，更思念我的家乡——呼和浩特！

评语：文章开头新颖简洁，引人入胜，具有先声夺人之效，使读者一下子就对“焙子”产生直观的印象。文章语言通俗易懂，贴近生活实际，展现出的真实特写镜头也别开生面，情趣盎然，读起来令人倍感亲切。小作者对于“吃焙子”的描绘，是本文的一大亮点，紧抓“焙子”的特点，从颜色、口味等方面层层细书，让人读时有垂涎欲滴之感，这体现出小作者观察生活的细致。（点评老师：王茜）

指导老师：李黄龙

黑笔和红笔大战白纸

呼和浩特市苏虎街实验小学五年级（1）班　白译辰

在一个阳光明媚的早上，主人刚刚起床，突然来到了黑笔面前，拿起了黑笔。它被吓得大叫起来："红笔！红笔！快来救我！"但此时红笔听音乐正听得开心，丝毫没有听到黑笔的呼救声。

主人拿出了白纸，这可是黑笔和红笔的天敌啊！黑笔一看到白纸立马叫得更大声了："红笔！红笔！快来救我！"而此时黑笔距离白纸只剩下不到五厘米远了。红笔终于察觉到了不对——一直坐在身旁的黑笔不见了！红笔连忙喊道："黑笔，你在哪里？""这里这里，在主人的手上！"黑笔回答。这时，白纸已经张大嘴巴准备饱餐一顿了。红笔连忙摁下弹簧飞了出去，将黑笔从主人手中撞了下来，黑笔成功脱险。

事后，黑笔和红笔开始思考该如何打败白纸。然而，想了很久很久也没能想出一个好的打败白纸的方法。时间一天天过去了，还是没有想到合适的方法。一天，就在黑笔和红笔快要放弃打算投降的时候，它们突然发现白纸有一个致命的弱点——白纸不能被水或者墨汁浸泡。

有了这个大发现，黑笔和红笔很快想出了一个好方法。

黑笔激动地对红笔说："主人每天都会在桌子上放一杯水，我们只要把杯子弄倒，让水洒在白纸上不就好了吗？"

有了对敌思路，说干就干，黑笔和红笔把行动日期定在了第二天。

第二天，它们齐心协力推倒了主人的水杯，眼看着大水就要浇到白纸上时，白纸却一下子变成纸飞机飞走了。这可把黑笔和红笔气得够呛，它们只能继续想其他办法。

又不知过了多少天，黑笔突然想到，把水杯推倒后它们马上跳上纸飞机，然后将纸飞机驾驶回水中不就好了吗？红笔听了黑笔的方法，连连点头表示同意。

第二天天一亮，黑笔和红笔又一次成功推倒了主人的水杯，果然不出所料，白纸又一次变成了纸飞机。但这次黑笔和红笔有了准备，它们瞅准时机使劲起跳，结果只有黑笔跳了上去，红笔没能跳上去。黑笔见状想要拉住红笔，结果笔管实在太滑，红笔还是掉下去了。黑笔也顾不上纸飞机了，连忙跳下去寻找红笔，最后在一本书上找到了它，但不幸的是红笔的笔帽在摔落时找不到了。黑笔只能继续寻找，终于在一个比黑笔还要高十倍的大台子上找到了笔帽。黑笔没有放弃，为了红笔，它艰难地向上爬去。拿到笔帽后，黑笔立即从台子上下来，大步赶到了红笔身旁，给红笔套上了笔帽。套上笔帽的红笔再次有了活力，它俩又一次用刚才的方法跳向纸飞机。这一次，黑笔和红笔终于成功打败了白纸。

从这天起，黑笔和红笔再也没有了天敌！

评语：小作者想象丰富，别出心裁，将“笔”与“纸”这两样日常物品，赋予了灵动与情感。“书写”不再是枯燥的重复，而是“笔”与“纸”的战争，是一场智慧的较量。同时，“黑笔”与“红笔”计谋百出、团结一致的形象让人眼前一亮。读完文章，仿佛观看了一部可爱的动画片。作品中的语言描写、动作描写真实可感、生动活泼，紧扣主题的同时写出了童真童趣。（点评老师：王茜）

指导老师：王博雅

一位乐观的朋友

呼和浩特市苏虎街实验小学五年级（1）班　高思瑜

我有一位乐观的朋友，名字叫笑笑，她每时每刻都是开心的。

我的邻居张大爷，他有订报纸的习惯，取报纸是笑笑每天雷打不动的任务。可就在今天，张大爷回家时顺手取走了报纸，笑笑知道后不但没有生气，还担心张大爷的报纸被偷了，急得四处找报纸。得知是张大爷自己取走的后，笑笑的脸上又浮现出比阳光还要灿烂的笑容。

笑笑常说，她的座右铭就是开心了就笑，不开心了就过会儿再笑！如果这件事还不能完全体现出她的乐观，那我接下来说的这件事绝对会让你刷新对她的认知。

“这节课，我们竞选班长！”老师的话一说出口，同学们顿时沸腾了。

我知道，笑笑一直对班长的位置虎视眈眈。我想，她一定不会放弃这次这么好的机会，毕竟，下次竞选班长要等到明年呢。

“唰唰唰”，同学们写选票的声音在班里响着，仿佛一首精彩的交响乐。

“一票，两票……”老师唱票的声音在班内回响，台下的每一个人都屏住呼吸、咽着口水、提着嗓子眼紧张地等待着结果。随着最后一张选票被拿出，笑笑以绝对优势拿下了班长的竞选。

那天晚自习，笑笑激动得语无伦次，同时，她也将这学期我们班需要改进和提升的部分内容列了出来，因为这，她一直忙到凌晨才睡觉。

可是就在第二天早晨，我陪她一起交计划表的时候，班主任突然说：“笑笑，老师觉得班长这个位置不太适合你。你也知道，你做过心脏手术，老师怕你承受不了那么多劳累。老师也是为你好……”

笑笑听到后，露出和以往一样灿烂的笑容，随即说：“老师，其实我也觉得我管理能力还是不够好，我会继续努力的。谢谢老师对我的关心。”走出办公室后，我一脸不解地看着她，而笑笑却又说：“开心了就笑，不开心就过会儿再笑！”虽然笑笑很想当班长，但是她还是很乐观地面对了这件事。

这就是我的这位乐观的朋友，一个不管什么时候都笑着面对生活的人。

评语：小作者写自己的好朋友十分细致，把这位“乐观”的朋友的行为、心理都刻画得十分细腻。当班长虽然是这位朋友的愿望，但是当愿望没有实现时，她

也没有气馁，还是乐观面对。这种乐观的精神值得我们每个人学习。（点评老师：茹慧）

指导老师：王博雅

别样的老师

呼和浩特市苏虎街小学六年级（4）班　张景阳

“小小少年，没有烦恼……”当我听到这几句歌词时总能想到那节音乐课上，音乐老师的那几段粉笔扔向我们时的场景。

那天是星期二，我们既高兴，又担心，原因就是我们今天有音乐课，音乐老师时不时会给我们出一些“新花样”，他的“新花样”有好有坏。而这次，音乐老师说他正在练一种技能，此话一出，全班轰动，同学们什么样的说法都有。开始上课了，音乐老师自己拿了一大盒粉笔，他把粉笔放在讲桌上，打开盒子，从里面拿出一根，把它掰成了小段，放进粉笔盒里，然后才开始讲课。

音乐课上我们都觉得枯燥无味，因为我们觉得音乐课上无非就是唱上几句歌词，没有什么意思。但是我们必须唱，因为我们唱得好会有自由听歌时间。

由于前面唱歌时间比较枯燥无味，有很多人不愿意唱，但是谁能保持一节课四十分钟都不说话呀，所以越来越多的人开始了小声讲话。在小声讲话的人群中，有一位同学大叫了一声，很快引起了音乐老师的注意，他的右手从粉笔盒里拿了一小段粉笔，手腕使劲地向前一甩，那一小段粉笔就飞了出去，形成了一个优美的弧线，精准地打在了那名说话学生的头上。那名同学抬起头，脸上挂满了问号，这时，电脑里传出了歌声："小小少年，没有烦恼……"我们全班都笑了，那名同学环顾四周，他见音乐老师在向他"微笑"，音乐老师"和蔼"地问："还需要吗？"那名同学听完之后便闭住嘴巴，认真上课了。经过这次的事件，我们全班几乎都开始好好上课了，生怕下一个打中的就是自己。

但也有几个不怕的。音乐老师在课堂上说："对，你们听听这首歌，多好听呀！"老师刚说完，就有一个人大声地说："哎呀！这么没意思的歌儿，谁会听呢？"老师大吼道："谁说的？站起来！"他刚说完，那名同学唰地一下站起来，走到后走廊上，用一根指头指向自己，说："我说的。""好，那我就用三段粉笔，还打不着你了？"老师回道。老师信心满满地拿出三段粉笔，右手自然下垂，向上一扔，没打中，迎来了全班的笑声；他又扔了一次，还是没打到，笑声又多了；第三次，老师认真了，他右手探出，手腕向左，向前一掷，那名同学向右边一闪，但他没注意，粉笔的轨迹是抛物线，正好打在了那名同学的身上。那名同学输了，老师赢了，获得了排山倒海般的掌声，掌声持续了一分钟，连老师都为自己鼓掌。再看那名同学，他向同学们叹息着，说他如果能看见那段粉笔的行动轨迹的话，他就不会失败了。

这节音乐课，让我知道，不管是上什么课，都要学会尊重老师的劳动成果。自那以后，不管是上什么课，我都会认真听讲，认真配合老师。

评语：小作者真是一位善于反思的小少年。一堂平常的音乐课，却领略到了上课的大道理。好多细致的语言、动作，让我们仿佛回到了课堂上，“自然下垂”“向上一扔”“又扔了一次”，多么生动的语言啊！以细节见大道理，让人读罢，掩卷深思。（点评老师：茹慧）

指导老师：王博雅

痕　迹

呼和浩特市落凤街小学四年级（6）班　冯梓睿

在一个战场，你们听，书包里又有了吵架的声音。

铅笔不服气地说：“主人平常最喜欢用我了，所以我要当文具之王。”橡皮对铅笔说：“我才是文具之王，你写错的字主人还不是用我把你那恶心的笔迹擦掉的？”他们正在讨论呢，钢笔站出来说：“你们别争了，我才是文具之王。主人现在已经上四年级了，大部分时候是用我来完成作业的，你们只是帮主人在数学课上画了图而已。所以在主人的笔袋里，我的功劳最大。”魔笔说：“你写错字时还不是我帮主人擦掉的？要不然主人的本子不可能那么干净的。”

他们互不相让。这时魔易擦站了出来说：“魔笔帮主人擦完后还不是我又把那个擦完的地方补上的？所以我才是文具之王。”

这时地动山摇，原来主人要考试了。数学考试时，他们的主人拿出了铅笔、橡皮、钢笔、魔笔和魔易擦，还有地位最低的便利贴。考完试了，主人把他们放进了笔袋里，又把笔袋放回了桌斗里。

在笔袋里他们又开始吵架了。十分钟前文具们约定，主人下次拿文具时，先拿谁，谁就是文具之王。

这些文具的主人，也就是我，在课间操时一直在想这个问题：他们为什么要争当文具之王呢？当文具之王又有什么好处呢？

我回了教室，拉开拉链对文具们说："我早就听到你们在争论什么了，我说谁是文具之王谁就是文具之王，你们同意吗？"他们当然同意了。我说："便利贴是文具之王，因为所有的文具都在我的便利贴上留下了痕迹。"

评语：小作者真是一位想象力丰富的小少年！利用自己的文具，展开了一次遨游于脑海的精彩的想象，小作者化身各种文具，根据他们的功能，用拟人化的语言想象出他们可能进行的对话，真是既有趣又神奇！（点评老师：茹慧）

指导老师：王博雅

牛伯伯真牛

北京外国语大学附属小学四年级（7）班　胡宗安

今天妈妈带我来到了一座又大又好玩的动物园，一眼望不到边。走进动物园，第一眼看到的就是圆滚滚、胖嘟嘟的大熊猫，其次是一个庞然大物——大象，最后是一群不起眼、像黄豆大小的蜜蜂，在花丛中飞来飞去采花蜜，热心地帮助鲜花授粉。这些蜜蜂的美好品质，让我想到书本上热心的牛伯伯。

在车水马龙的街上到处都张贴着牛伯伯的海报，牛伯伯实在太乐于助人了，人人都说牛伯伯是自己学习的好榜样。

牛伯伯之所以出名，主要就是因为他做的一些助人为乐的事情。

记得有一次，牛伯伯在大街上慢慢地走着，速度像乌龟一样慢。突然，他听到不远处传来阵阵哭声，牛伯伯用尽自己全身的力气，奋力地向哭声处快步跑去。顺着哭声，他发现一只小猫正坐在地上大哭。牛伯伯好心地问："小……小猫你怎么了？"小猫判断牛伯伯应该是来帮助自己的，就说自己找不到爸爸了。牛伯伯听完这话后从口袋里拿出一部手机，虽然有点破旧，但还能用。牛伯伯让小猫拨通爸爸的电话，并说明了自己的位置。一会儿，猫爸爸向小猫飞奔而来。猫爸爸跑来后，在小猫的身边看到了牛伯伯，顿时明白了一切。猫爸爸十分感谢牛伯伯救了自己的孩子，要不是牛伯伯的帮助，他可能永远都见不到自己的孩子了。回家的路上，牛伯伯别提多高兴了。

还有一次，牛伯伯在公园散步的时候，忽然发现了一个大坑，坑里面掉下去一个小孩子。小孩子大概两岁半，他正在奋力地往外爬，可惜他爬不上来。聪明的牛伯伯想到了一个好办法。牛伯伯找了一根长树枝，坑里的小孩顺着树枝就爬了出来。这时孩子的爸爸从远处飞奔过来一把抱住自己的儿子，他十分感谢牛伯伯救了自己的孩子。

时间如同森林中的猛虎般飞速地奔跑着，牛伯伯做的好事越来越多，他的名字家喻户晓，并且到处都贴满了牛伯伯的海报。

牛伯伯真牛呀！我也被牛伯伯的故事所感动，我要向这些既勤劳又热心的榜样学习。

评语：“牛伯伯”虽然没有其他动物“出彩”，但是他的品质真是值得我们学习。小作者能够把课本中的知识迁移到习作中，细致入微地讲述牛伯伯的事迹，让我们感受到了“助人为乐”的好品质，很有想法。我们每个人都要学会助人为乐。（点评老师：茹慧）

指导老师：王博雅

牛伯伯真牛

呼和浩特市农大附小四年级（1）班　吕子乔

“哞，哞！”听到牛的叫声，就想起牛伯伯了。它不光勇敢，还很善良。

有一天，小羊戴着耳机悠闲地在街上走着准备去买菜。她微闭着眼，一边听着歌一边走着，一会儿上下跳，一会儿左右摆，一会儿又转圈圈。突然，一阵沉重的脚步声传来。街上的人一看，是一只又高又壮的大老虎。大家纷纷躲到了商店里，只有这只小羊还在悠闲地慢慢走着，根本没有看到这只又高又壮的大老虎。大老虎喊道：“都给我让开！”小羊因为戴着耳机，听不到声音，所以就继续往前走。结果她刚走了几步，就一头撞到大老虎的肚子上了。这时大老虎正凶恶地看着小羊，小羊啊了一声，然后就向反方向跑去。大老虎一把就把她按了下来，然后扑了上去，准备吃掉她。

“哞，哞！”这时牛伯伯来了，他用那尖利的牛角顶开了正准备吃小羊的大老虎，并用力咬住大老虎的喉咙，对他说：“你要再这么霸道，我就咬死你！”大老虎赶紧回答：“好，好，我再也不敢了！”于是牛伯伯就放了大老虎。小羊被救了，大老虎也受到了惩罚。

还有一次，小松鼠在面包店买完面包后就回家玩VR游戏机去了。她站在一个平台上，在那个平台上她只能原地踏步，可是她忘记了，于是她就戴着VR眼镜在步行街上走来走去，一会儿拐进了面包店，一会儿拐进服装店，一会儿又拐进饭店。人们都以为她是个神经病，于是都躲着她。

她不知不觉地就走到了马路上，正好来了一辆车，车主还在看手机，根本没注意到她。“哞，哞！”这时牛伯伯又来了，她一下子就把松鼠顶到了步行街上。小松鼠还以为他是游戏中的丧尸，就用手打他，牛伯伯把松鼠的VR眼镜摘了下来，小松鼠这才明白过来。

牛伯伯经过这些事后，获得了大家的一致赞扬。

评语：这是一篇充满想象力和温暖的童话故事。勇敢善良的牛伯伯努力帮助着小动物们。小作者展开想象，用十分流畅的笔触，写下了牛伯伯助人为乐的事迹，小羊、小松鼠在牛伯伯的帮助下，都顺利脱离了危险，牛伯伯真不愧为“牛”啊！（点评老师：茹慧）

指导老师：王博雅

我幸福的家

呼和浩特市青山小学四年级（6）班　苗沁

我有一个幸福的家，尤其是吃饭时，一家人在一张桌子上吃饭，就感觉到了什么是幸福。火锅热腾腾，我们坐在这香喷喷的火锅面前，边聊天边吃。

今天是周五，上完课后回到家，总感觉妈妈会给我做我爱吃的美食。回家一看，尽管妈妈很疲劳，但还在辛苦地做着饭，果然是我最爱吃的。我写作业的时候，爸爸妈妈在做饭。有时我遇到不会的题，妈妈会很热情地辅导我。

吃饭时，我给他们讲在学校里发生的事，有时讲好事，有时讲坏事。吃饭时一起聊天的过程让我感觉很温暖。

有时作业不多，我们一家人一起包饺子。妈妈擀饺子皮，爸爸帮忙做饺子馅，我负责包。就这样，为了第二天让许多人来我们家尝新鲜的饺子，一晚上我们都在包饺子。妈妈对我说："多包一些，第二天好招待客人。"我们在如此温暖的家里包饺子。和姥姥打视频电话的时候，我向姥姥炫耀："这些饺子是妈妈教我包的。"说着说着，我不小心把饺子包成了包子形状。哎呀，包错了！我和妈妈说："这可真是你们说的差之毫厘，谬以千里！"

包饺子的过程可真漫长啊，我们还在一起聊着历史人物故事、各种的名人名言名句……感到很开心。

到了第二天，客人来了，尝了尝饺子，说："你们包的饺子可真好吃！"我和妈妈热情地说："那您多吃点，别客气！"

我有一个幸福的家，一个包容、多元、热爱生活的家，我为此感到骄傲！

评语：小作者的家真是幸福啊！虽然文章写到的是日常吃饭这样的小事，但是管中窥豹，通过这样的日常小事，我们感受到小作者一家的满满爱意。同时还懂得了"差之毫厘，谬以千里"的道理。读罢本文，真是收获满满。（点评老师：茹慧）

指导老师：李黄龙

舞狮求学记

呼和浩特市关帝庙街小学五年级（6）班　高艺航

北山之下，有一座小山城，那里山清水秀，鸟语花香，环境优美。每逢过年时，村里为了增添年味儿，总会特意请舞狮队来村里表演。每年的这个时候，广场人山人海，把广场挤得水泄不通。

一年除夕夜，舞狮队依旧来表演。这时，一个小男孩从人群中艰难地挤出来，慢慢地走向舞狮台，津津有味地看着。表演结束了，人们都开始喝彩，他左右张望了一下，然后随大家一起喝彩。舞狮队领头从他身边走过，舞狮队的狮头从他的身旁经过，正好与他四目相对。正是这命运般的对视，让他的心里有了一个目标；也就是因为这命运般的对视，改变了人们对他的看法。

小男孩叫成翔，是个孤儿。在村子里，人们从来不用正眼看他，都对他“敬”而远之。

成翔家里很穷，买不起玩具和其他他想要的东西。因此，他没有一个快乐的童年。自从成翔看完舞狮表演后，他回家用纸糊了一个狮头，一有空就摆弄着舞狮。人们都觉得他疯了，而他却毫不理会。

村里王大爷把他当成自己的亲儿子，悉心地照顾他。

成翔再次去看舞狮了。这一次，他早早地到场，从白天等到晚上，只为抢一个前排位置。舞狮表演又开始了，今年的舞狮依旧精彩。当人们抵挡不住困意，都陆续离开时，只有他还站在原地，一会儿拍手，一会儿感叹，一会儿在原地大声喝彩，这也成功地引起了舞狮队的注意。

表演结束了，成翔这才跑到表演后台，小声地问："我可不可以和你们学舞狮啊？"舞狮队的队员看到他很惊讶，聚在一起小声讨论了一会儿。一个头发偏灰的中年人走过来对他说："可以。但你要跟我们一起四处表演，不能随便离开团队，未经允许不能回家。而且训练特别累……"成翔毫不犹豫地点点头同意了。

第二天早晨，舞狮队的人找到了王大爷，让成翔和王大爷说明原因，简单地告别后，便带走了成翔。王大爷看着他们远去的背影，隐隐感到不舍。

走了一天的路，舞狮队的队员一个个筋疲力尽、无精打采，唯独成翔还生龙活虎、上蹿下跳，可能是因为太激动了吧！

随着太阳的升起，新的一天开始了。清早，成翔不到五点钟就醒了，他穿好衣服，打开大门，慢慢地走了出去。院中一片寂静，东方泛着鱼肚色的天空染上微微的红晕，飘着几朵彩云。一出门，泥土的芳香马上将他包裹住了，一阵风吹过，一下就将迷迷糊糊的成翔吹得清醒过来。原来，昨夜下了一场大雨。他赶紧跑回屋里，加了件衣服，然后一路小跑着叫醒了他的师傅们。

吃完早餐，师傅们要继续练习。成翔在一旁静静地看着。这时咸鱼强看到了台下默不作声的成翔，他从柱子上跳下来后，将狮头递给了成翔。成翔马上接过狮头，感觉到一阵压力。他强忍着将狮头放到头上，瞬间头被压得抬不起来，然后砰的一声跪在了地上。他立刻将狮头取下来放在桌子上，哭着离场了。

“我没有资格学舞狮，我连舞狮头都拿不动！”他一边这样想，一边哭着跑回了自己的房间。但失败并没能使他低头和放弃，他一直坚持着、努力着，为了自己的理想，他每天举二百多次狮头，举不够数，就不吃不喝不睡。他的师傅们看到了他的毅力和决心。一直耐心地教他关于舞狮的知识，每次成翔都会用心地听他们的讲解，反复练习。

又是一年除夕，师傅们要去村里表演了，成翔没跟着去，而是留下来料理家务。过了几天，团长带着团队回来了，背后还跟着一个小小的身影。成翔高兴地出去迎接，师傅们给他介绍新来的学徒“板牙”。

板牙的身世与家境和成翔差不多，也同样对舞狮情有独钟。成翔和板牙成了最要好的兄弟。他们一起干家务，一起练习舞狮。几年后，板牙和成翔长大了，力气也大了，狮头也舞得自如。

慢慢地，两人成了最好的伙伴、搭档。

五年一度的舞狮大赛开始了。五支队伍比拼，前几队表演很熟练，得分都较高。轮到成翔团队，成翔和板牙拿着舞狮上场了，一系列高难度的动作引得台下的观众喝彩不停，但得分还是远远落后。这时，成翔看向了擎天柱，主持人看了好一会儿才开口说："现在表演的团队看向了擎天柱，难道说他们想挑战擎天柱吗？"就在这时，团长将比赛叫停，顺手挽起成翔的裤子，露出了一道伤口，原来他看出成翔受了伤。团长刚想放弃比赛，而成翔却一把按住团长的手，转过身喊道："继续比赛！"

同时，他再一次看向擎天柱，搭档板牙坚定地说："出发！"

突然，场上发出一阵擂鼓声，所有人仰头望去。只见他俩奋力一跃，一步一台阶，使出了他们的看家本领——雄狮爬树。他们的舞姿好似一只真正的雄狮，不一会儿，他们就稳稳地站到了擎天柱上面。

"他们成功了！"顿时，在场的所有人发出雷鸣般的掌声。

评语：小作者心思细腻缜密，笔墨平淡真挚，情节精彩曲折，写尽了孤儿成翔学习舞狮的不平凡经历，让读者因成翔的悲而悲，因成翔的喜而喜：成翔悲惨的童年经历，让读者泪目；受到村里王大爷的悉心照顾，让读者感动；来到舞狮队，几年如一日练习舞狮，让读者钦佩；与搭档板牙的"雄狮爬树"得到雷鸣般的掌声，让读者欣喜！小小说跌宕起伏，精彩生动！（点评老师：曹婧）

指导老师：李黄龙

猫和老鼠

呼和浩特市满族小学六年级（6）班　刘易赫

在一个温暖而又舒适的木屋里，生活着一只猫和一只老鼠。

那里本来是猫的家。可是，在一个月黑风高的夜晚，一只流落街头、无家可归的老鼠从门上的递信口悄悄地溜了进来。他找了一个不起眼的角落偷偷地挖了一个洞作为自己的新家。老鼠躺在新家的床上，十分惬意。

老鼠以为猫不会注意到他渺小的存在，可他忘记了猫有一个十分灵敏的鼻子。猫东嗅嗅、西闻闻，很快就发现了老鼠的存在。看到自己家里出现了其他动物，而且还是一只老鼠，猫勃然大怒，认为一只小老鼠怎么配和他住同一间屋子？于是猫开始每天在屋子里追逐老鼠，只要一看到老鼠在洞口探出脑袋，就恶狠狠地扑过去，想要捉住老鼠。可怜的小老鼠每次都左躲右闪，经过一番逃命后，心有余悸地回到洞里。老鼠心想：寄“猫”篱下的日子真不好过呀！

这天，事情突然迎来了转机。

这是风和日丽的一天，猫把自己打扮得漂漂亮亮，准备去和好朋友约会。不料，他刚走出门没几步，一不留神就掉进了猎人设置的陷阱里。猫拼命呼救，可他平时爱清静，住在郊区，附近没有邻居，所以没有人能听得到他的呼救声。

此时正在熟睡的小老鼠被猫的呼救声吵醒，他连忙朝着声音的方向找了过来，看到了深坑里的猫。

猫看到了小老鼠，仿佛看到了救星般拼命向小老鼠求救："求求你救救我吧！以前是我不好，我以后再也不会欺负你了。"

小老鼠听到之后，内心十分挣扎，心想：我到底要不要救他呢？如果救他的话，他日后再欺负我怎么办？不救的话，他一会儿就会被猎人捉走了。算了，还是救他一命吧！

于是，老鼠叫来了其他的动物，又借来一根十米长的绳子，一端绑在一棵粗壮的大树上，一端让猫拴在自己的腰上。大伙儿齐心协力，一起把猫救了上来。

谁料想，猫不遵守诺言，不仅不感谢老鼠，还变本加厉地欺负他。可怜的小老鼠每天依然生活在水深火热中，被折磨得苦不堪言。

过了几天，猫的朋友再次邀请他出去玩。他们定下了一个合适的日期。那天阳光明媚，澄净的蓝天中飘浮着几朵白云。猫把自己打扮得光鲜亮丽，戴上了红色的领结，在镜子前转了一圈，哼着小曲儿出发了。

"哎哟，我的妈呀！"没走两步的猫再一次中了猎人的圈套，这次他被网套了起来。晕头转向的猫再次大声呼喊："救命呀！谁能来救救我呀……"

这时，在附近寻找食物的小老鼠听到了，急忙赶了过来。他一看到是猫，立马转身就要走。猫见状，立马哀求道：“小老鼠，求求你救救我吧！我这次是真的知道错了，我不应该恩将仇报，求你再相信我一次！”

小老鼠见猫可怜巴巴的样子，不忍心让一个鲜活的生命被猎人抓走，他决定再相信猫一次。于是，他便爬上树，用牙齿咬破了网，猫获救了。

猫彻底被老鼠感动，从此以后不再欺负老鼠，他俩和平地生活在同一屋檐下，互帮互助，十分幸福。

评语：小作者取材新颖，构思巧妙，语言生动活泼。通过语言、动作和心理描写，生动形象地写出猫和老鼠由“对抗”到“互帮互助，十分幸福”的过程。尤其是老鼠“寄‘猫’篱下的日子真不好过呀”的心理描写极富童趣，道出了小老鼠的艰难处境，让读者忍俊不禁的同时也感同身受。（点评老师：曹婧）

指导老师：李小露

青城——民族团结一家亲

呼和浩特市新城区满族小学六年级（3）班　李嘉益

呼和浩特，美丽的青城，我出生在这里，成长在这里，在这里生活，在这里学习。我热爱这座城市，深深地喜欢这里的街道、美食和这里的一草一木。但是要问我最爱青城的什么？我想说，我最爱我的老师、同学和身边的每一名小朋友。要问我为什么？我会告诉你，从我进入小学的第一天起，老师就告诉我们："我们内蒙古自治区是多民族聚集地，虽然你们归属不同的民族，但我们同属中华民族，我们都是这个大家庭中的一员，都在用普通话学习和交流。"

在我周围，有着来自不同民族的老师、同学以及叔叔阿姨，大家和睦相处，共建和谐的社会。开学第一周，老师要求我们穿自己民族的服装。那个时候，我才知道原来我们班五十六名同学中除了汉族，还有满族、回族、蒙古族、苗族等多个少数民族，他们的服饰各有特色。大家围在这几名同学身边，好奇地看一看、摸一摸、问一问他们的服饰，然后谈论着各自服饰的寓意和各自民族的伟大。有一个蒙古族的小朋友激动地站在椅子上，指着服装上的图案，扯开嗓子说："我蓝色衣领上的图案是蓝天上的祥云，代表我们草原人民过着幸福吉祥的草原生活！""哇！这就是祥云啊，草原上的云彩……"大家七嘴八舌议论起来，时而手舞足蹈，时而欢呼雀跃，时而开怀大笑，时而相簇相拥。那个时候，我觉得我的小学生活是美好的、和谐的，是五彩斑斓的，同学们的笑容像一股股暖流流入我的内心。"虽然我们来自不同的民族，但我们是一个大家庭，一个集体，我们应该荣辱与共、团结向上！"班主任的开学致辞令我们意气风发！我们会携手团结在一起，开心快乐积极地度过属于我们的美好的小学生活！

校内是和谐的民族大家庭，校外的生活同样体现了民族的团结与美好！我的学校位于城市繁华地带，交通四通八达，尤其是每天我们上下学，看着学校附近街道的车水马龙，望而生畏。每当这个时候，交警叔叔就会出现在我们身边，用各种手势指挥着行驶的车辆，用自己的身体构建出安全通道，微笑着让我们从他面前安全地过马路，同时还不忘用带着蒙古语语调的普通话叮嘱我们："不要跑，一个一个有序过马路！"不论骄阳似火的夏日，还是寒风凛冽的冬日，校门外身穿荧光绿的交警叔叔都站在马路上，指挥着过往的车辆，保障我们安全通行。"荧光绿"成为我们学校小朋友过马路的安全色，只要看到这个颜色出现在马路边，我们的内心就涌现出暖暖的爱意。我们喜欢"荧光绿"，离不开"荧光绿"，他们是我们的指路明灯。我们每个清晨都会站在国旗下，随着激昂的国歌声，望着庄严的国旗冉冉升起，向我们伟大的祖国致敬，感谢和谐社会带给我们的幸福生活。对我来说，“荧光绿”开启了我每天的幸福生活，让我感恩、感动！

我还清楚地记得，爸爸妈妈带着我去内蒙古自治区成立70周年大庆活动会场的时候，广场上最醒目的位置挂着“守望相助、团结奋斗”八个大字的横幅。我问了爸爸这几个字的意思，爸爸讲了很多，看我听不懂，就告诉我八个字的核心意思就是所有民族都是一家人，大家之间要相互关心和帮助。在学习过程中，老师们也总给我们讲，互帮互助是我们中华民族的传统美德。“五十六个星座，五十六枝花，五十六族兄弟姐妹是一家……”这首传唱已久的《爱我中华》使我们理解了各民族之间的关系。虽然我们来自不同的民族，但我们都是中华民族的孩子，我们同呼吸、共命运，共建和谐社会。中华民族一家亲，同心共筑中国梦。

评语：这篇习作，小作者颂扬了自己的家乡呼和浩特“青城”，写出了呼和浩特市的和谐团结、守望相助。校内，老师和同学们团结携手，开心快乐地度过每一天美好的小学生活；热闹繁华的校门口，“荧光绿”的护卫，给和谐社会注入安定的力量；自治区成立70周年大庆会场，“守望相助、团结奋斗”八个大字，让小作者明白了“相互关心和帮助”的真谛。全文结构清

晰，情感真挚，写尽了对家乡的赞美，写出了对祖国的热爱，让人感动。（点评老师：曹婧）

指导老师：李黄龙

阳光灿烂的日子

呼和浩特市实验中学东河校区小学部三年级（8）班　邢赫宸

在一个大雪纷飞的天气，我走在回家的路上。此时的天阴沉沉的，我脚下蹒跚却并不感觉累，反倒是心里阳光灿烂。

下课铃声响毕，老师宣布放学的声音还依稀在走廊里回荡，我已经穿好外套背好书包奔下楼去。按照上周的约定，姥姥姥爷今天要带我去滑冰场学习滑冰。

来到目的地，我们踏进公园大门，顺着蜿蜒的小路前进。不一会儿前方出现了一个很大的人工湖，在北方的寒冬下，人工湖已结了厚厚的冰。偏岸边一处避风的水湾处，此时已被围成一个滑冰场，场上冰面光滑平整如镜，在太阳的照射下泛着刺眼的光。

一位阳光帅气的滑冰教练接待了我们，简短闲聊后，我们开始上理论课。课上，教练耐心地讲解技术要领、规范动作、注意事项，我听得很认真。理论课结束后便正式上场了，没多久，我从屡次摔倒到渐渐可以慢慢自由滑行，心里紧张与担忧随之散尽，感觉阳光灿烂。

出了滑冰场，我才感觉身上有多处地方酸痛。但学会了滑冰，快乐席卷着我全身，已经顾不上痛了。在回家路上，我步履轻盈地在雪天中走着，满怀期待地憧憬着下一次的滑冰课。

评语：文章开头独具匠心，“大雪纷飞的天气”“我脚下蹒跚却并不感觉累，反倒是心里阳光灿烂”，设置悬念，引起读者的期待：是什么事情让主人公如此开心？读罢全文，才知道原来是“学会了滑冰，快乐席卷着我全身”。小作者以轻松愉快的口吻生动叙述学滑冰的过程，故事虽然平凡，情感却真挚充沛；篇幅虽然短小，内涵却丰富深刻。（点评老师：曹婧）

指导老师：左右

坚持的滋味

呼和浩特市实验中学东河校区小学部三年级（3）班　姚欣煜

黄昏，余晖映照着天边的云彩，考试成绩不太理想的我有些沮丧地拿起一直鼓励我的那本书——《青城》，这本书中记录了各行各业为创造最美青城而努力的人。环卫工人的披星戴月、交警叔叔的不畏严寒、抗击疫情志愿者的坚持不懈……他们都是青城闪耀的“星”，他们的坚持不懈，激励我继续前行。

偶然，我在书中认识了她，她的坚持，如同青城夜空中最闪耀的“星”。

当她怀揣着美好的憧憬，以一个预备小运动员的身份踏上小学的大船时，与她并肩的还有很多这样的小选手。他们在拼什么呢？他们在较量着坚持的距离。在比拼的路上他们不会寂寞、枯燥，而是充满希望。想到这里，她迫不及待地想随着这艘大船扬帆远航。

开学典礼上，老师是那样温柔地跟他们讲有趣的话。她想：老师就应该是这样吧，结果没过多久老师就露出了“真面目”。上课时，有同学不认真听讲，老师就罚他站在讲台旁听讲。期中考完试，没考好的她被打了一手板，老师说让她长长记性。她酸酸地流了几滴眼泪，但想到每天凌晨四五点就开始忙碌的环卫工人的身影，他们只为让美丽的青城、美丽的家变得更美好，便义无反顾、三百六十五天如一日地坚持，是青城这座美丽的城市赋予了他们最光荣的使命。她渐渐地明白了什么是坚持，她没有退缩，默默地坚持着……

不知不觉中，有股倔强劲儿的她进入了二年级，心里带着些许忐忑，努力着不被老师再惩罚，要争做班级的“星”。可是努力好辛苦，起早贪黑地学习、写作业。学校怕老师，回家怕妈妈，作业多，学习累。她正想放弃时，突然想到老师的鼓励：“每学期每天定一个小目标，每天进步一点点，只要坚持，就会有光彩。”她想成为和老师一样有光彩的人，老师不也是从儿时就坚持着，现在才有能力、有机会为我们城市的教育事业奉献智慧吗？正是他们对青城的热爱才让他们默默地坚持着教书育人的使命担当。她虽然不能像老师一样，站在三尺讲台上，但是她可以向着自己的目标，坚持学习，努力训练，将来在运动场上发光发热。期末，她不敢相信，她赢了，双百的满意成绩给她的坚持画上了圆满的句号。她流下了激动的眼泪，心情无以言表……老师的笑给了她最大的肯定，她明白坚持就是快乐。

背着越来越沉的书包，她顺利步入三年级。她长大了吗？妈妈总说她长大了，该懂得更加努力地学习了。她听着，瞥了一眼，要学的东西多了，唠叨声更多了。老师说他们遇到了一座大山，只要坚持翻过这座大山，明年的路就会顺利多了，如果退缩，就会像坐滑梯一样，返回起点。她想到那达慕大赛上小马一次次地跌倒再站起来，不就和她一样吗？青城的人都有着不服输的精神，就像小马一样勇往直前、坚持不懈，这就是青城人民永不言弃、矢志不渝的精神。想到这里，她坚定了认真学习的态度。期末她又一次证明了自己，各科成绩全部满分。艰辛、苦恼、激动、不敢相信……这就是坚持的滋味吗？

她的坚持感染了我，她就是我心目中青城那颗最闪耀的“星”，这颗星让我体会到了坚持的滋味，明白了坚持的力量，只要坚持下去，每个人都是青城最闪耀的“星”。

《青城》这本书真好，我会坚持把它读完。老师说：“她像你。”我说：“既然我像她，那我就是她。”

评语：开篇简明扼要，立即吸引读者阅读兴趣，自然而然地将读者带入“沮丧”的情境，忍不住期待接下来的故事，期待情绪反转。读罢文章，感受到了小作者的精神力量。“既然我像她，那我就是她”，结尾的情感恰到好处，简洁朴实而又富有深意，感人至深，引人深思。全文构思新颖，既是在写《青城》中的“星”，也是在写自己这颗“星”，意境含蓄隽永。（点评老师：曹婧）

指导老师：李黄龙

青城时光之旅

呼和浩特市实验中学东河校区小学部三年级（3）班　蔡京妮

上下五千年，历史兴衰多少事，尽付馆藏中。在内蒙古博物院穿行于时光之中，我仿佛触到了那冰冷的玻璃窗后面历史的余温。

内蒙古博物院坐落在呼和浩特市的乌兰恰特。走入博物院，我既激动又惊讶，哇，好大好雄伟的博物馆！内蒙古博物馆的展厅有几十米高，共分四层，每一层都有上万件珍贵文物，它简直是一条把远古、历史和现代都串在一起的“时光长廊”。

远古世界

这个展厅里有很多远古时期的恐龙化石，它们中最高大凶猛的是查干诺尔龙。它是目前亚洲已修复装架起来的最大的白垩纪恐龙，体长二十六米，身高六米，体重约五十吨，相当于四百多个成人体重呢！我站在它脚下像个小不点。我不禁想，在远古时期，它在草原上奔跑，那是多么雄壮啊！再往前走，我还看到了凶恶无比的霸王龙、鬼鬼祟祟的窃蛋龙等各类恐龙的化石。遥想我们美丽的青城，千百年来富饶繁茂，养育着种类繁多的动植物，从远古时代的恐龙，到几十万年前红山文化的崛起，再到几千年来“风吹草低见牛羊”的世界著名草原，她真是一个天然的宝藏之地啊！

千载传承

从红山文化的玉龙，到赵武灵王的长城石块；从匈奴王的金冠，到成吉思汗的雄兵利器；从元朝的钧窑香炉，到清代格格的服饰。岁月如梭，曾经的精彩豪迈，只留下记录它们斑驳印记的一件件文物了。首先说说匈奴王金冠吧。冠顶是一只展开翅膀的金色雄鹰，立在一颗金球上，额圈由三条半圆形的金条嵌合而成，上面有各种精美的花纹，非常威武华贵。它是我国迄今为止发现的唯一的匈奴王金冠，也是内蒙古博物院的镇馆之宝。名气不输它的则是大名鼎鼎的钧窑香炉，这也是迄今发现的器形最大、最完整的钧窑香炉，堪称国宝。留给我印象很深的还有一个金质花环，它是由几根金枝作环，上面缀有金花、金叶，并镶满了五光十色的宝石，真漂亮啊！古代劳动人民真伟大，手工打造，还如此巧夺天工！

飞天神舟

我们新中国最有荣光、最引人瞩目的伟大成就之一，是航天飞船。著名的东风航天城就位于内蒙古大草原，许多人造卫星和宇宙飞船就是在那里升空。此外，神舟飞船的着陆点——四子王旗草原，也离青城不远呢。作为一名少先队员，我由衷地为家乡给祖国的航天事业做出的杰出贡献感到骄傲和自豪。在这里，我看到了很多飞船模型、火箭残骸、太空服等。神舟飞船真神气啊，它有着帅气的银色外装，像一只可爱的超大号熊猫，头顶两侧是长长的太阳能板，像是它翱翔宇宙时张开的翅膀。恍惚间我仿佛已经坐上了神舟飞船，飞出了地球，飞向浩瀚的宇宙。哇！一颗颗璀璨的星星挂在深蓝的天幕中，是那么迷人，那么神秘……

时光流逝，物换星移，不变的永远是那些令人沉醉的古老历史。从远古瑰宝——恐龙化石，到几千年来灿烂的草原文化，再到当今最炫目的科技之光——神舟飞船，无不诉说着生活在这片热土上的劳动人民的勤劳、勇敢和杰出的智慧。继往开来、薪火相传，作为祖国年轻的一代，我们要奋发图强，为明天的青城留下一座耀眼的历史丰碑。

评语：这是一篇别具一格的“时光之旅”。小作者化身内蒙古博物院的小小讲解员，带领读者穿行在时光之中，触摸文化的载体，感受“历史的余温”，体会祖国的伟大。情之所至，落笔成文，字里行间洋溢着自

豪感。文章表述准确自然，语言流畅优美，中心思想突出，是一篇佳作。（点评老师：曹婧）

指导老师：左右

有一种幸福叫为呼和浩特喝彩！

呼和浩特市实验中学东河校区小学部三年级（3）班　王冉

“蓝蓝的天上白云飘，白云下面马儿跑”，这壮美的歌词描绘的正是我的家乡独具的民族风情！如果你问我，你的家乡是哪里，我会骄傲地告诉你，我的家乡是美丽的呼和浩特！

呼和浩特，蒙古语意为“青色的城”，它是一座有着悠久历史文化的古城。凡形胜之地，通都大邑，必也人杰地灵，底蕴深厚。呼和浩特北依阴山，南挽黄河，怀抱土默川大平原，勤劳勇敢的北方各族人民世世代代在这里繁衍生息，创造了悠久灿烂的历史。

如今不论是商业繁华的中山路，还是政府机构密集的如意开发区，不论是地铁1、2号线，还是连接起东西南北的快速路，都为我们展现出了生机勃勃的现代化都市的面貌。下面我就以呼和浩特市下辖四区的古往今来为大家展示一下美丽的青城吧！

回民区，召庙文化的聚集地，分布着始建于明清时期的大小喇嘛教寺院。建于20世纪初，出自比利时天主教神父之手的哥特式建筑记录着庚子赔款的耻辱；乌兰夫纪念馆，承载着老一辈无产阶级革命家乌兰夫同志为我们新中国的建设呕心沥血的红色精神！

新城区、内蒙古博物院，作为镇馆之宝的、发掘于二连浩特的恐龙化石，向我们展现了内蒙古地区远古时期的恐龙面貌；北郊公园，有傅作义将军纪念百灵庙起义题写的“抗日英雄永垂不朽”的纪念碑，每年四月，这里会成为桃花的海洋，只言片语是说不尽这里的美景的！

玉泉区。面貌一新的昭君博物院，以其独特的人文景观，已经成为享誉海内外的著名旅游景点。昭君和亲的故事广为流传，“琵琶一曲弹至今，昭君千古墓犹新”，昭君出塞克服了环境、习俗、语言不同的困难，德布四方。在内蒙古人民心中，她不仅仅是一位著名历史人物，更是两个民族团结的象征！

赛罕区，在庄稼翻滚的绿浪里，万部华严经塔素白的身影是从古至今各民族团结友好的签名簿，塔内墙壁上写满了从金代起各族人民用汉、藏、契丹、女真、蒙古、维吾尔等文字书写的题记，虽经千年沧桑，气势不减。敦实威武的形象和丰富的文化内涵，正是北方民族历史变迁的写照！

这就是我美丽的家乡呼和浩特，名胜古迹无处不在，高楼鳞次栉比，这座城市历史悠久又充满活力！它古有“天苍苍，野茫茫，风吹草低见牛羊”的雄浑壮美，有“三春白雪归青冢，万里黄河绕黑山”的磅礴大气，而如今正所谓“千载茫茫敕勒川，现今已换旧时天”，现在的它已演变为一座正在崛起的现代化城市！我为在这片土地上茁壮成长感到无比幸福，我为我是青城大家庭中的一员而骄傲、自豪！

评语：文章从呼和浩特市独特的民族风情开篇，展示了作者很好的语言功底，作文用词准确，文笔流畅，充满了细腻的情感和生动的描绘，展现了作者敏锐的观察力和感受力。作文取材新颖，构思奇妙，语言生动活泼，字里行间透露出清新的生活气息和儿童情趣。作者对文字的掌控力和表达能力都非常出色，继续努力，写作会更加出色。（点评老师：许珊）

指导老师：李黄龙

幸福，在那里绽放

呼和浩特市实验中学东河校区小学部六年级（4）班　李昀泽

“天苍苍，野茫茫，风吹草低见牛羊。”呼和浩特蒙古语意为青色的城，简称“青城”。这就是我的家乡，这里有我喜爱的美食、美景以及可爱的人们，我非常喜欢这座美丽的边疆城市，它让我感到十分幸福。

幸福，在那一家家饭馆里。不论是豪华饭店，还是路边小馆，美食香飘整个呼和浩特。提到内蒙古，人们就会想到让人口水直流的牛羊肉，而我们颇具魅力的呼和浩特除了这些，还有皮薄馅大、肉香扑鼻的烧卖，有甜咸适宜、酥脆可口的青城焙子，有让人听名字便口水直流的“硬早点”羊杂，以及各式各样鲜香的奶制品。想到呼和浩特的这些传统美食，我就忍不住流下口水，这些美食带给我的味觉享受，让我感受到来自这座城市的幸福。

幸福，在那便利的交通里。你看，老绥远城，从以前坑坑洼洼、两旁荒芜的小路，变成了现在两旁高楼大厦紧密排列的沥青大道。随着经济的快速发展，这里又有了地铁，这变化多大呀！而这些都是建筑工人的功劳，他们就像魔法师，让这座城市变得整洁美观。我走在繁华的大街上，感受到了来自这座城市的幸福。

幸福，在那热情的人群里。高速路口“美丽青城欢迎您”的标语不只是一句口号，热情好客的呼和浩特人民会像招待自己家人一样去招待远方的客人。记得我第一次去蒙古包做客的时候，一个个热情的蒙古族同胞微笑着戴着哈达载歌载舞地走过来迎接我们。当我们走进蒙古包时，他们将热乎乎的饭菜摆满了桌子。那一刻，我仿佛回到了自己家一样，开心地置身在这歌舞的海洋中。那一刻我感受到了来自这座城市的幸福。

人们说“爱上一个人，喜欢一座城”，而我说“爱上一群人，喜欢一座城”。满城飘香的美食，繁忙便捷的交通，载歌载舞、热情似火的人们，都让我深深地爱着这座城市。她就像一位母亲，无私地哺育着这座城市里的所有人，她教我变得勇敢、坚强、乐观，让我更有勇气去面对生活中的困难。

陌生人，欢迎你来呼和浩特，我相信属于我的幸福也会传递给你。愿我们都能感受到这份幸福，希望这份幸福蔓延到美丽祖国的每一寸土地，在每一个中国人心中开花结果……

评语：本文语言极为生动，情感丰富而真实，读来津津有味。大量采用生活中的口语，使文章更显自然。字里行间，充满童真童趣，充满趣味性和启发性，不仅

传达了美丽的青城信息，也展现了作者对写作的热情和对知识的渴望。（点评老师：许珊）

指导老师：李黄龙

悠悠如意水，猎猎青城风

呼和浩特市实验中学东河校区小学部三年级（3）班　张慕梓

我的家乡是呼和浩特，是美丽富饶的内蒙古自治区的首府。她是一座青色的城，一座有着浓郁民族特色的城，一座时刻让人魂牵梦萦的城。她像一颗璀璨的明珠镶嵌在祖国的北疆，在广袤无垠的草原上熠熠生辉。

作为首府，这里有许多历史文明的遗迹：那在岁月长河里见证了民族融合的昭君墓，那威名远播的将军衙署，那镌刻着红色印记的乌兰夫纪念馆……一切的一切，都让人感受到这座城市的厚重历史。可我，最喜欢的却是她北国的风景与风度。夏日里，漫步于如意河畔，静静地看河水流过，默默地听风儿吹过，我似乎已感受到了这座城市的气息。

如意河原名东河，因位于呼和浩特市城东而得名。河流源头在哈拉沁沟，由北向南经城市东部进入小黑河，然后汇入大黑河注入黄河，为季节性河流。这条河曾断流、被污染，后来市政府对其进行了彻底的整治。如今这条河河畔花草芬芳、碧树成行，满载着人们对幸福生活的喜悦，因而更名为如意河。

春日的骄阳照在河面，初融的河水汩汩流淌，带走了整个冬天的严寒。微风拂着河岸新柳吐出的嫩绿，吹红了桃花娇羞的脸。放学归来的小朋友在河岸撒欢，三个一群五个一伙，呼朋引伴，笑着、跳着。

暖风吹皱了河水，也打断了水面上飞来飞去的蜻蜓们的吟唱，柔柔地拂着人们的面颊，送来丝丝的清凉。傍晚的河畔，人头攒动。音乐起，灯光洒到了河面，河中央的喷泉随着音乐声舞蹈，给人们带来丝丝凉意，也送来了点点祝福。

雁南飞，秋天到。金风吹过河边的芦丛，苇絮飘飘，株株香蒲鼓着腮帮哗哗地喝彩。几只水鸟在河面欢快地游来游去，不时钻入水中，啄食鱼虾。万类霜天竞自由，秋日青城的如意河让人沉醉。

凛冽的北风吹过，河面结了冰。今年市政府在河面开辟了滑冰场、冰雪乐园。以往寂静的冬日马上热闹了起来，孩子们冲破严寒的封锁，扑向了乐园，有的滑冰，有的开冰车，还有的乘雪地摩托车，好一幅充满热闹的画卷。

如意河的河水清澈，如意河畔的四季分明，如意河畔的人们热情奔放。

塞北古道边的风儿，刚劲猛烈亦饱含柔情，吹散落寞和忧伤，迎来文明和希望。

如意河是青城姑娘手中捧起的哈达，迎着猎猎的风飘扬，献给远方来的客人。我愿成为青城姑娘发髻间的一枚发夹，增添她低头时的温柔。

评语：作文具有浓厚的情感色彩，让读者感受到了作者对自然景观的热爱。比如“苇絮飘飘，株株香蒲鼓着腮帮哗哗地喝彩”，这段描述非常细腻，让人仿佛置身其中。这篇作文语句通顺，句意流畅，言辞优美，叙写形象生动鲜明，构思新颖，选材独特，表达方式充满创意，让人眼前一亮。（点评老师：许珊）

指导老师：李黄龙

舌尖上的探戈

呼和浩特市实验中学东河校区小学部三年级（1）班　李蔚然

在我们伟大祖国的正北方，有一座青山环绕、绿树成荫的美丽城市，它就是我的家乡呼和浩特，大家亲切地称它“青城”。这座草原之城是一座多民族聚居的城市，这里的各族人民团结和谐，纯朴善良，热情好客。在这里，无论是在普通日子里，还是在喜庆的节日中，餐桌上一定少不了蒙古族的特色美食。今天我就给朋友们介绍一道我最喜欢的蒙古族特色宴客美食——奶茶。

我家乡的奶茶蒙古语称为“苏台茄”，它是草原游牧民族传承下来的食物，在牧民食谱中有着极高的地位，草原牧民历来有“以茶代酒”的宴客习俗。区别于街边网红奶茶那种小家碧玉般的甜腻，蒙古奶茶口感咸鲜醇厚，有着粗犷豪放的草原民族风味。它真材实料，加工过程全靠细熬慢煮。具体制作方法如下：先将青砖茶水煮沸，撇去浮沫，待茶水再次烧开，加入新鲜牛奶，扬奶起沫，熬制片刻再加入盐和黄油，这就是最普通的原味奶茶了。当然还有更正宗的奶茶做法：先小火把锅烧干，然后依次加入黄油、炒米、奶皮、肉干、奶豆腐，炒制片刻，再倒入熬好的牛奶。霎时，厨房里芳香四溢，奶香浓郁，肉香十足。此时如果你在锅边，口水一定会控制不住地从口腔流出来。这就是正宗的蒙古奶茶。如果此时正值北方寒冷的冬季，一家人围坐在桌前，盛一碗热气腾腾的奶茶，撒入一把香甜酥脆的炒米，再把各种奶制品和蒙古馃条泡在奶茶里，并佐以鲜嫩的手抓羊肉，可谓极致享受，你的舌尖顿时会跳起一场奇异绝妙的舌尖之舞！

走遍祖国的东西南北，品尝过无数的特色美食，我还是最爱我家乡的奶茶！听我讲到这里，相信你一定会迫不及待地想来品尝一下吧？欢迎朋友们在草肥水美的季节里，来我们美丽的青城做客，我愿意做你们的小小导游，陪你游览我们一望无垠、鲜花盛开的草原，带你们去品尝这醇香浓郁、独具民族特色的奶茶！

评语：本文以介绍蒙古族传统特色美食为主，详细描写了奶茶的制作过程以及蒙古族人民对奶茶独特的情感寄托，表现出了作者强烈的民族感情。写作主题独特，以美食引出青城的魅力与内涵，描写细腻流畅，能够让读者深刻感受到青城的历史文化底蕴，引人入胜。选材既淳朴又不失创意，全篇都流露出作者对青城的喜爱和自豪。（点评老师：许珊）

指导老师：李黄龙

遇见四季的青城

呼和浩特市实验中学东河校区小学部三年级（3）班　杨立轩

我的家乡呼和浩特，别名青城，是内蒙古大草原上一颗璀璨的明珠。她有着宏伟壮观的高楼、令人垂涎欲滴的人间美味和底蕴深厚的民族文化。她的四季之美如诗如画，最是令人陶醉。

春天的青城粉面含春。当南国已是“人间四月芳菲尽”，塞北的青城却正是“塞外桃花始盛开”。在公主府公园，淡雅多姿的桃花在青翠欲滴的新叶映衬下恣意盛开，深粉色的、浅粉色的，一朵朵、一簇簇、一串串，宛如一位位亭亭玉立的粉衣仙子在向人们含笑问好。一阵微风吹来，又似一个个身着粉色芭蕾舞裙的小姑娘在向人们展示着她们优美的舞姿。游走在桃花尽染的园中小径上，呼吸着沁人心脾的阵阵花香，仿佛置身于世外桃源，令人流连忘返。

夏天的青城绿意盎然。市区内，百花争妍，鸟语花香，绿荫连绵，到处都是枝繁叶茂的树木和色彩斑斓的花丛，好像一幅幅秀丽的风景画。市区外，地势平坦而开阔，驰车而过，一碧千里的大草原美景尽收眼底。各色各样的野花，这里一丛、那里一片，如同色彩缤纷的云雾，飘荡在绿色的草原之上。散步于草原，空气格外清新，丝毫感受不到夏天的燥热，令人心旷神怡，如临仙境。青城正是以她这得天独厚的气候特点和美如画卷的草原景色吸引了大批游客前来避暑度假。

秋天的青城绚丽多彩。行走在成吉思汗公园，穿梭在丛林、花草之间，错落有致的峡谷景观别具一格。这里，一步一景美如画。红色的枫叶光彩夺目，绿色的松柏更显深沉，金色的芦苇在微风中跌宕起伏……五彩缤纷，相互包容、交错点缀，青城之美完全绽放。

冬天的青城与众不同。有时寒风凛冽，侵入肌骨；有时雪花漫天飞舞，树木琼枝玉叶，小桥粉妆玉砌，整座城市白雪皑皑，成为画卷中最诗意的场景。很多景观河和公园被打造成为冰雪文化乐园，为孩子们提供了磨炼意志、锻炼身体、享受生活的重要场所。也正是这寒风刺骨的刚毅与银装素裹的妖娆，让人爱恨交加，但又心向往之。

这就是我眼中的青城，四季轮回，充满了诗情画意，令人神往。

评语：本文着重刻画青城一年四季不同的风景，熟练运用比喻、拟人等修辞手法，描写出青城一年四季的美景，让读者仿佛置身其中，体验到独特的草原魅力。本文内容充实，语言流畅，表达生动，展现出作者扎实

的写作功底。言辞优美，叙写形象生动鲜明，说明作者语言表达能力较强。（点评老师：许珊）

指导老师：李黄龙

最美的彩虹

——我家门前的金海路

呼和浩特市实验中学东河校区小学部三年级（5）班　席惕若

“儿子，我们今天要提前半小时起床。你看海东路整个围起来了，不提前起就该迟到啦！”有段时间爸爸几乎每次叫我起床时都会说这句话。记得那个时候是2018年的上半学期，我还在上幼儿园。从我们家去八一幼儿园，小区门口的海东路是最近、最便捷的路线。不过这个方便和快捷必须在特定的时间段才可以，上下班高峰期这条路会堵得水泄不通，亮起尾灯的车流远远看去像是一条缓慢移动的红色长龙。着急的人们有的会按喇叭，有的会选择下车步行前进，有的则不停地变道加塞引发交通事故，从而让拥堵变得雪上加霜……随着时间的流逝，关于道路施工的一切都已经司空见惯，甚至大家都快要忘了没修时的海东路是什么样子了。

这种不方便一直持续到了2018年9月份，我上小学时也没有变化。每当我上学快要迟到时，每当我周末外出游玩被堵在路上时，每当我饿肚子着急到达目的地却被堵得一动不动时……我就十分盼望金海路能早日通车。我常常想，如果自己有魔法就好了，叫一声“变”，路就修好了，那该多好！盼望着，盼望着，大大的桥墩从围栏里长出来了，金海路通车的脚步近了。关于修路，在每天上学和放学的路上我总是向爸爸问这问那。后来，我从爸爸那里知道，像这样的大桥墩在道路完工后会有一千四百多个，真是太壮观了！像是一粒种子经过地下的努力长出地面后的样子，从那个时候开始，我几乎每天都会看到它的变化。可以说一天一个样，几天大变样。尤其是往桥墩上安装桥面的场景，十分令人震撼，我第一次见有那么多轮胎的大卡车，第一次见那么大的起重机，也是第一次见到怎样往桥墩上安装桥面。渐渐地，随着桥下围栏的拆除，桥下面的路可以通行了，安装完毕的桥面也越来越长，一眼望不到头。我知道我盼望大桥竣工的愿望快要实现啦！

2020年9月份我已经上了小学三年级，当时金海路已经建成通车。从那时起，在上学的路上，由汽车尾灯组成的红色长龙几乎再也没出现过，即使是上下班的高峰期，车也可以顺畅而有序地行驶。加塞的少了，抱怨着按喇叭的少了，从车里下来匆匆前行的更少了……爸爸告诉我这都是因为有一大部分之前必须经过海东路长距离运行的车，现在正在我们头顶的高架桥上快速通过，把桥下的路面留给了短距离通行的人们。自通车后，我有时候会突然决定再去看一场半小时内开始的演出，有时候会心血来潮和小朋友约定到某某地方一起游玩，有时候会在马上到饭点时决定去远在金川的老姨家吃饭。有时候我起晚了，会着急地问爸爸上学会不会迟到，爸爸就说："要不是有门口的高架桥，肯定会迟到。"

每当我体会到家门口的金海路带来的方便时，便自然地明白了爸爸所说的"架起一座桥，畅通十条路，实现百业旺"的意思。金海大桥——有人说你是青城最雄伟的长龙，连贯青城的西东；也有人说你是青城最柔美的丝带，系在青城的腰间；而在我看来，你更像是青城最绚丽的彩虹，将大美青城托在你七色的手上，闪耀着梦幻的光芒。

评语：本文以描写青城近来的交通变化开篇，以如今对比，有详有略，言之有序，内容生动具体。文章内容新颖，结构合理，流畅连贯，自然通达，描写出如今的青城正在快速发展中，未来可期！并且作文语言朴素自然，让读者倍感亲切，同时又充满了深度和感染力。（点评老师：许珊）

指导老师：王博雅

令人难忘的春节

呼和浩特市实验中学东河校区小学部四年级（2）班　黄嘉禹

印象中，每年春节都是欢天喜地、高高兴兴、热热闹闹的。而今年，我的春节却与众不同，发生了一件令我难忘的事。

爷爷奶奶和姥姥姥爷对我格外疼爱，今年给了我很多压岁钱。第一次看到这么多红色的钞票，我的心情也是格外激动。于是我每天都在思考怎么花这些压岁钱。想啊想啊，一直想，从早上想到了晚上，最后，妈妈给我提了一个建议：去商场购物。我愉快地答应了。可是哪天去又成了一个难题。为了早点去商场挑选我想要的礼物和零食，我便每天在妈妈身边撒娇："妈妈，妈妈，我们什么时候去购物呀？我都已经迫不及待了，可不可以一会儿就去呀……"

过了很多天，我还是没能去商场，所以继续缠着妈妈。终于有一天，妈妈的耳朵受不了了，她满脑子都是我念叨的话。她不耐烦地对我说："走吧。穿衣服，去商场！"我二话没说，飞速地穿好衣服，拿上压岁钱就冲出了家门，那速度，就像飞天的火箭一样快。

到商场后，我看到了一个卖头绳的店铺。走进去后，里面的货物让我眼花缭乱，定睛一看，每个头绳样子都十分精美。我走到左边看看，走到右边瞧瞧，一会儿觉得这个好看，一会儿觉得那个漂亮。我细心挑选了很多，拿在手里，准备结账。就在这时，我摸到了两个空空的口袋，内心的欣喜顿时变为了慌张——钱丢了！

我哪里还有心情买头绳，把事情原委告诉了妈妈。妈妈没有骂我，只是对我说，钱丢了，也没法再找回来，先把东西买好，以后拿钱要小心些。

我买好了自己挑选的头绳，虽然满足了自己购物的小欲望，可毕竟丢了钱，我这心里怎么可能过得去？通过这件事，我体会到了乐极生悲的滋味，也牢牢记住了妈妈的话：做事要认真、仔细。

这就是我的春节，多么令人难忘又难熬啊！

评语：小作者用生动的语言讲述了发生在春节期间的一件令自己难忘的事，将事情的前因后果展示在读者面前。此外，文章在叙述的过程中，加入了对人物的语言、动作、心理等的描写，让每个人物形象也都生动而立体，特别是在描写自己丢钱时窘迫的样子。整篇文章语言精练，用词得当，是一篇佳作。（点评老师：李明珠）

指导老师：王博雅

我的心愿

呼和浩特市实验中学东河校区小学部四年级（9）班　李怡萱

我有很多朋友，比如小狗、小老鼠，都是我最好的朋友。我们知道每个人都有自己的心愿，比如：儿童的心愿是快点长大成人，大人和老人的心愿是回到过去。动物们也有自己的心愿。

小狗说："我的心愿是让人类朋友听懂我们的语言。"一次晚上的大地震，主人已经进入了梦乡，小狗警惕地爬起来，发现是地震来了，就汪汪直叫，想唤醒熟睡中的主人。主人被吵醒后，还生气地骂了小狗一会儿，骂完小狗，主人才发现不对劲，想抱着小狗逃离危险。这时，一块大木头从天而降，落到了主人的腿上。因此，主人腿部受了重伤，没能逃离险地。

老鼠说："我总是被人类围着打、被猫追。为什么我的命运会这么惨？难道世界上就没有好的老鼠吗？我的心愿就是改变人类对我们的固有印象。因为有一次我在街上看见了小偷偷走了人类朋友的包，我悄悄地靠近了小偷，使了坏，替人类把包夺了回来。可是人类却以为我和小偷是一伙的……"

我说："我有时很淘气，有时很可爱，我的心愿是让淘气全部消失。有一次，在一场‘战争’中我输了，我只好作势去写作业，可谁能拦得住我淘气呢？我把气球放在我穿的衣服里，让衣服在书桌前做出写作业的造型，然后走到衣柜前，换了另一套衣服。我躲进被子里拿起手机把声音调到最低看了起来。正看得起劲的时候，妈妈突然进来了，我吓得差点掉地上。妈妈说：‘你不是在写作业吗？为什么玩起了手机？’我说：‘妈妈，其实我没写作业。’妈妈生气地收走了手机，然后罚我多写了几份作业。”

唉，什么时候，我们的心愿才能够真正地实现呢？

评语：小作者想象力丰富，文章前半部分运用拟人的修辞手法，将小狗和小老鼠的心愿展示给读者，让我们从不同的角度对两种小动物有了新的认知；在叙述自己的心愿时，她又用生动的语言将“我”和妈妈在面对使用手机时所产生的博弈进行了细致的描写，文章充满了童趣。（点评老师：李明珠）

指导老师：李黄龙

舌尖上的温暖

呼和浩特市实验中学东河校区小学部四年级（2）班　秦朗

晨光熹微时，土炉里焙烤的第一炉焙子热气腾腾地出炉，一个个被拾到明亮的玻璃橱窗里，再递到排着队的食客手中，开启了呼市人的美好一天；华灯初上时，焙子铺玻璃橱窗橙黄色的灯光映照着整齐排列的焙子，迎接着每一个披星戴月的人，送他们穿过这条小巷，回到温暖的家。

焙子，伴随着每个呼市人的一天甚至一生。对于呼市人来说，焙子就如同武汉人过早必选的热干面、北京人的那一口豆汁儿、兰州人不舍的那一碗牛肉面，焙子是呼市人心中永远的依赖。妈妈说，在她小时候，每条小巷子里都有几家焙子铺。清晨，在自行车的丁零声中、小店的叫卖声中、行人的穿梭之中，焙子铺里香香酥酥的焙子，几乎承包了妈妈整个学生时代的早点。

毫不例外，我也特爱吃焙子。我喜欢看焙子炙烤后热气升腾的氤氲，喜欢听面团在面板上跳跃、摔打的热闹，更喜欢闻焙子出炉后那一阵阵香甜。只见头戴白帽的师傅用有力的胳膊揉着面团，雪白的面团与金黄的胡麻油融合在一起，中间或抹上油酥，或包上浓郁的红糖，抑或撒一层亮晶晶的砂糖。经过这一系列的揉、擀、拧，焙子一个个变得圆润乖巧，很是可爱。送入烤炉焙烤，不一会儿，香喷喷的味道就飘散了出来……

你瞧！那长方形，包着红糖的饼是红糖焙子；那一层层、一丝丝盘成的圆饼是油旋儿；上面撒了一层砂糖的三角形饼是白糖焙子；盘子大小、略带玫瑰色的薄饼便是玫瑰大饼了；略呈椭圆、长长的焙子，这就是牛舌饼了。刚出炉的焙子，热气腾腾，香气扑鼻，外皮焦黄，好似披了一层黄金铠甲，里面层层叠叠、松松软软，光看着，就让人忍不住要流口水了。一口咬下去，香脆掉渣之后，便是饼层的绵软可口，面粉独特的香甜与胡麻油的醇香混合在一起，那香味在我的口中横冲直撞。

如今，呼市高楼林立、车水马龙，以前的小巷子也变成了宽阔的街道，但焙子在呼市美食界的地位仍然不可撼动呢！新时代的呼市人创造出了更绝妙的吃法，比如说用白焙子配着羊杂吃，吃一大口鲜香的羊杂，咬一口外酥内软的白焙子，再来一口鲜红香浓的汤汁，这便是呼市人最满足的“硬早点”。也可以用牛舌饼夹着配菜吃，呼市人说“焙子夹一切”，有夹鸡蛋的、夹香肠的，也有夹羊肉串的，还可以夹辣条……而我最喜爱的就是牛舌饼夹烧卖了，这两个呼市名小吃合而为一，别有一番风味。油滋滋的烧卖往焙子里一夹，捏住焙子，再大大地咬上一口。羊肉的鲜嫩和焙子的香酥结合在一起，让味蕾得到了极大的满足，真是妙不可言！

浓浓烟火，人间值得，淡淡如水，至味清欢！小小的焙子，是呼市人心中永不褪色的至爱，它饱含了青城大街小巷的烟火气息，于无声无息中滋养着呼市人的寻常生活，在日复一日中陪伴着青城的悠悠岁月……

评语：作为一个生长在呼和浩特市的普通居民，焙子对于我们每个人来说都是一种日常的陪伴。它不仅带给我们味蕾上的体验，也让我们的生活充满了烟火的气息。小作者用细腻的笔触，以时间为轴，将焙子的味道贯穿于文章之中，特别是在描写焙子的做法与不同的食用方法时，灵活运用多感官描写，使文章特色鲜明。（点评老师：李明珠）

指导老师：李黄龙

青山处处埋忠骨

呼和浩特市实验中学东河校区小学部五年级（5）班　梦丹娜

“青山处处埋忠骨，何须马革裹尸还。”每当读到这句诗时，我就会想起去年暑假那次难忘的经历。

那是一个炎热的夏天，我去参观一座位于呼和浩特市武川县的英雄纪念碑。那座纪念碑是用石头砌成的，抬头仰望，石碑高耸入云，石碑的中央赫然刻着“大青山英雄纪念碑”几个大字，整座石碑有一种神圣不可侵犯的威严。石碑的底座上雕刻着革命烈士冲锋陷阵的图案，令人肃然起敬。我想这应该就是当年牺牲的烈士们吧。

我仔细观察着，他们当中有很多是年轻人，他们为了保家卫国献出了自己宝贵的生命。他们曾经一定也有过一个美满的家庭，一定也有自己的梦想，一定也是平凡的普通人……如果没有他们舍小家为大家的牺牲，我们就不会有今天幸福的生活。

想到这里，我不禁想起了我读过的一本书《红岩》。书中有一个人物令我永远铭记，她就是江姐。

江姐是一名地下党员，从事着秘密工作。她本来有一个美满的家庭，还有一个可爱的孩子，可是当她去外地执行任务后回去时，她丈夫的头颅被高高地挂在了城门上。尽管她很伤心，但是她仍旧没有放弃解放中国的希望，没有忘记自己的使命。她把孩子托付到安全的地方后又重新投入革命工作中。后来她被特务抓了起来，特务将竹签一根根钉在她手上，又拔下来，逼迫她说出党的秘密。面对敌人的残酷手段，她宁死不屈，最终壮烈牺牲。

在这座纪念碑上纪念的名字中，不知道有多少个江姐，更不知道有多少个人曾经拥有过美满的家庭，但他们的革命从来不是为了让自己过得更好，而是为了让老百姓过上国泰民安的生活。他们这种胸怀是伟大的，他们的精神更是伟大的。也许有一些烈士甚至死无全尸，只能找到几片衣服或几块骨头，可是他们的精神却让我铭记于心。纵使他们最终没能安葬在自己的家乡，那又有什么关系呢？他们的心不是时刻惦念着祖国吗？他们的墓园不是时刻也被祖国和后人惦记着吗？

我深情地凝望着这座纪念碑，仿佛穿越时空来到了战场上。我听到了耳边战士们的呼喊声，听到了耳边胜利的号角吹响的声音，听到了耳边全国人民深情地吟唱着国歌，看到了五星红旗第一次在天安门广场升起的场景，听到了毛主席那句“中华人民共和国成立了”的庄严宣告和一阵阵震耳欲聋的欢呼声……

评语：这篇爱国作文充满了真挚的情感，展现了作者对祖国的深厚了解和热爱。文章简洁而深刻，充分表达了真挚的爱国情感。在文字之间，我们看到了一个学生对祖国的深深敬爱和身为中国人无尽的自豪感。以人民英雄纪念碑为切入点，以江姐的事例引出自己对于人民英雄的崇敬之情，行文中还加入了群像的描写，让文章的情感更为丰富。（点评老师：李明珠）

指导老师：李黄龙

勇战恶龙记

呼和浩特市实验中学东河校区小学部五年级（5）班　苏子昇

在一个幽暗的森林里，住着一条凶猛的恶龙，森林旁有一个小村庄，小村庄里住着几百户人家。

有一天，勇士猫和聪明狗来到了这个村庄。一进入村庄，一股寒气便扑面而来，这阴森的环境，使他们都有些发抖。他俩走进一个小院，推开了门，看到一个妇女正惊恐地看着他们。她身体蜷缩在角落，大气不敢出。“女士，别怕，可以告诉我这里发生了什么吗？”勇士猫亲切地问道。原来这个村庄原本欢乐祥和，可是有一天来了一条恶龙，他十分凶猛，吃掉了不少百姓。之前有不少勇士前去除恶龙，可都一去不复返。勇士猫听完后立马说道：“保护百姓就是我们的责任，我们明天就动身去除掉恶龙。”“不行啊，听说那条恶龙喷出的火焰可以让人瞬间连灰都不剩，十分危险。”妇女劝道。但勇士猫主意已定，他和聪明狗准备第二天就出发。他们走呀走，走到了河边，一只青蛙正在荷叶上唱歌。聪明狗就问道：“青蛙女士，请问从哪儿能去到恶龙的家？”“前面左转就到了。对了，我这里有一把祖先传下来的宝剑，据说它锋利无比，削铁如泥，应该对你们有帮助。我儿子曾经也去挑战过他，但是一直没有回来，你们一定要小心呀！如有可能，请替我带回我的儿子。”

勇士猫与聪明狗谢过青蛙女士，又走到了一座山丘前，一只蟋蟀正在路边。“蟋蟀先生，请问恶龙的家在哪儿？”“右转，然后一直走就到了。对了，我这里有两件防火衣，应该对你们有帮助。不过，你们要帮我拿回被恶龙抢走的宝葫芦。”

终于，勇士猫和聪明狗历经千辛万苦找到了恶龙的家。聪明狗说：“我们先穿好防火衣，然后从后面窗户进去。”两人顺利地进了恶龙的家。这时恶龙正在呼呼大睡，勇士猫准备一剑了结他，可是笨手笨脚的聪明狗不小心踩到了恶龙的尾巴，把恶龙惊醒了。恶龙愤怒地看着他俩：“你们是来找死的吗？”恶龙话音未落就扑了上来。勇士猫直接一刀砍在了恶龙的尾巴上，但恶龙一点反应都没有。“不自量力的家伙！”恶龙嘲讽道。

这时，聪明狗跑过来，一剑刺到恶龙的肚子上。“你竟然敢刺我！”恶龙跑了过来，准备一爪拍死聪明狗。勇士猫趁恶龙不注意，和聪明狗合力把锋利的宝剑插入了恶龙的肚子里，恶龙倒地死了。

而勇士猫和聪明狗都受了重伤。过了一会儿，聪明狗醒了。勇士猫为了保护聪明狗，替他挡住了恶龙的重击，此时还没醒过来，聪明狗伤心地哭了起来。这时奇迹出现了，聪明狗的泪水全部汇聚起来流到了勇士猫的心脏上，勇士猫竟然醒了过来，他俩开心地抱在一起。然后他们拿着蟋蟀先生的宝葫芦，并且找到了关在笼子里的小青蛙，再次回到了村庄。村民擂鼓鸣炮，夹道欢迎勇士猫和聪明狗的归来。他们成了村庄的英雄。

评语：这篇童话故事充满了神奇的想象力，让读者沉浸在一个绚丽多彩的奇幻世界中。故事的情节跌宕起伏，引人入胜，充分激发了读者的好奇心。为了正义而战，为了朋友可以做出自我的牺牲，这样的精神品质值得大家学习。此外，小作者对细节的描写和刻画也尤为到位，是一篇值得称赞的佳作。（点评老师：李明珠）

指导老师：左右

隐藏在步伐中的爱

呼和浩特市实验中学东河校区小学部五年级（5）班　詹棋文

在遥远而神秘的森林里，住着许多小动物，他们组建了一个和平的社会，森林中有学校、医院、商场。在这许多小动物中，有一只非常特别的小动物，他就是小熊克里斯。

在一个阳光充足的下午，克里斯跟着班级到操场上体育课。课堂上，猎豹老师教同学们走独木桥。最后剩下二十分钟，老师让大家排好队，轮流走独木桥。

第一个走的是兔子布斯，他迅速而平稳地走过了独木桥，获得了老师的表扬和其他同学的羡慕。随后同学们个个如法炮制，全部顺顺利利地走过了独木桥。最后只剩下了小熊克里斯，他小心翼翼地爬上了独木桥，只是他一个不注意，直接从上面掉到了地上。老师鼓励克里斯："加油！你是最棒的，你一定可以成功！"克里斯听了老师的话，又重新站上了独木桥，可这次还是没有成功，他刚走到一半就掉了下去。克里斯伤心极了，闷闷地走在回家的路上，他觉得小鸟在树上叽叽喳喳地叫仿佛是在嘲笑他。回家后，克里斯告诉了父亲自己在学校的遭遇，父亲告诉他："你这是遗传的，我和你爷爷也无法在独木桥上保持平衡。"说完爸爸还给克里斯展示了自己也无法保持平衡的样子，克里斯看了高兴极了，觉得自己比爸爸还强一些。

过了一段时间，克里斯偶然听到体育老师对其他老师说："克里斯小时候是脑瘫。"其他老师赶紧说："你别乱说，脑瘫可不代表身体协调度低下。""这是他爸爸亲口告诉我的。"克里斯一听，难过地跑回家，生气地告诉父亲自己所听到的。他质问父亲："难道这也是遗传？"父亲回答："是的，你没有发现我走路一高一低吗？那是脑瘫留下的后遗症。"克里斯一直很佩服自己的父亲，他是电视台的主持人，很有威望。有了父亲的话，克里斯放心多了，既然父亲都那么有威望，自己肯定也不差。从此，克里斯开始认真学习，长大后成了一名小有成就的老板。

突然有一天，母亲打电话告诉克里斯他的父亲去世了，在克里斯为父亲换最后一次鞋时，他看到父亲穿了大半辈子的鞋里，其中一只居然有个增高垫。父亲为了不让儿子自卑，大半辈子都一高一低地走路。

原来，父亲对儿子的爱一直藏在那摇摇晃晃的步伐之中！

评语：小作者用一则童话故事将父爱的伟大展现给读者，童话中的语言优美生动，富含哲理，让读者在欣赏故事的同时，也能够从中汲取深刻的道理。故事中的每一个细节都耐人寻味，使得整篇童话更加充实有看点。通过丰富人物的语言和动作，衬托出人物的思想品质。文章想象合情合理，叙述自然生动，结构紧凑，衔接自然连贯，中心突出。（点评老师：李明珠）

指导老师：李黄龙

农民与财主

呼和浩特市实验中学东河校区小学部五年级（5）班　梦丹娜

有一年秋天闹干旱，庄稼颗粒无收。村子里的人们叫苦连连，一些家里有余粮的也省吃俭用，只有村子里的大财主丝毫不担心，依旧每天过着悠闲的日子。

这天，农民家备的粮食见了底儿。刚出生的小宝宝饿得直哭，农民的老婆躺在草席子上，头发跟茅草似的，她饿的眼中已经没有一丝光。

“老爷子，你来。”女人虚弱地招招手，示意丈夫过去。农民正用昨晚挖来的野菜叶子熬汤，听见老婆叫，连忙过去询问：“哎，你怎么了？”农民叹了口气，一屁股坐在席子上。

“儿子饿了，我又没奶。”女人有气无力地说。农民皱了皱眉，不明所以，他当然知道儿子饿啊，可这赶上闹饥荒，他能有什么办法？农民深深地叹了一口气，说道：“我知道，现在谁家都这样，老天爷不做主，你指望我去偷去抢吗？还是说你有办法？”女人强打着精神，让丈夫扶她坐了起来。接着，女人从草席子下掏出了一卷用破布包着的钱。

农民呆呆地望着老婆。女人用手指蘸了口水，数了数钱。一张、两张……一共是一百元钱，零零散散一卷，有五元有十元。女人颤抖着手把钱递给了丈夫，嘱咐道："这是我出嫁前攒下来的钱，本来打算给孩子上学用的。可现在……唉，算了，你一会儿进城去买些吃喝给咱们留着，再买头牛给财主送去——不然咱家那块地再被收去了，以后就更没指望了。记得快快回来。"农民把钱仔细地包好放在口袋里，点点头就出门了。

几个小时后，农民来到了城里，路过一座道观。他看到一个白发老者低头捡拾地上的虫子塞入口中，农民觉得老者十分可怜，同情心泛滥。于是他从破布包里掏出五元钱递给老者，对他说："老大爷，那虫子吃了容易生病。我这儿有五元钱，你拿去买点吃的。你这么大年纪，也不容易。"老者低头道谢，收下了钱。农民临走前，老者说："等等，我送你一件宝贝。"随后他从布包里掏出一支口笛，神秘地说道："这支口笛不一般，它是用昆仑山顶的竹子制成的。朝好人吹时，人们会跳舞。你若朝坏人吹，那么他会僵住，不能动弹！"说罢，在农民愣神儿的工夫，老者便不见了。

农民连忙下跪磕头，心想，这是遇见了神仙。原来那老者是一位竹仙，在道观修行助人，吸收天地灵气，刚才那是对农民的一个考验，看农夫是否在贫困之中仍能对更弱者伸出援助之手。当然，农民不知道这些，他现在要去买东西了。

农民先去肉铺买了一小块肉，又去其他地方挑了一把蔫青菜、几袋咸菜，还买了几个长小毛的大馒头。尽管都是不好的食物，可小贩还是漫天要价，农民不情不愿地付了钱。来到牲畜市场，农民看到一头要被拉去屠宰场的小黄牛，他又动了恻隐之心，花钱买下了小牛。就这样，农民拉着牛赶往财主家。

到了财主家门口，农民只见人们排了一条长长的队伍，而财主家的奴仆则在门口叫嚷着："别挤！放下东西就赶紧走！"大家放下东西就挤着离开了。到农民前面一个妇女时，她放下了一篮鸡蛋，可能是有几个鸡蛋坏了，空气中弥漫着一股臭味儿。奴仆一脚把篮子踢开，喊道："快拿走！臭死了！狗都不吃的！"鸡蛋砸到妇女身上，妇女只好抹抹眼泪，垂头丧气地离开了。

农民很生气，因为粮食极度短缺，妇女愿意送东西已经很好了，奴仆看不起的东西，可能是妇女一家舍不得吃，辛辛苦苦攒下来的。

于是他拿出老者赠予的口笛，吹了起来。神奇的一幕出现了，刚才还嚣张跋扈的奴仆此时竟然一动都不能动。农民借机把一盆脏水泼了上去，随后放下牛赶紧跑了，等奴仆反应过来时，农民早就跑得无影无踪了。财主听了这件事后大笑，他捋了捋自己的胡须，心想：那口笛岂不是支魔笛？如果我得到了岂不是可以控制整个城？妙哉！

于是，财主马上派人寻找农民让他当面演奏。农民却拒绝了，并且声称只有自己才能控制这支竹笛。财主很生气，这么一来他称王称霸不就没戏了吗？他吓唬农民要是不说出口笛的来历，就把他关到监牢里，这辈子都见不到老婆和孩子。无可奈何的农民只能告诉财主整件事的经过。财主也想得到一支神奇的口笛，便把自己打扮成农民的样子去找竹仙。

第二天，财主去了竹仙那儿。竹仙虽小有法术，却眼神不好，他见农民又来了，有些生气。

“你又来了？”竹仙问。

“啊！老头儿！我劝你识相点儿，交出竹笛来！”财主趾高气扬。

“啊！你有钱了？那么不如我们再重来一回？”

“好！你快些吧！”

老者低头抚须。

“给我三十块钱——不，五十吧，你现在可不是当初那个穷人了！”

于是财主递上钱，口中边骂边吐口水：“呸！死老头儿！见钱眼开。”

“好！念你予我五十钱，我送你一件宝贝——不是笛，是沙漏。扭转天地乾坤……”

竹仙还没说完，财主便抢过去，拿起了沙漏。

一阵狂风吹过，等财主再次睁开眼时发现自己在农民家里！任凭他如何解释自己是富甲一方的大财主，旁人都只当他疯了。

而农民，他变成了财主，过上了富裕的生活。每天收他人东西，不愁吃穿，以前的财主也只存在于他的回忆里了。

渐渐地，农民活成了财主的样子，不再记得——他曾是农民。

评语：本文无论是思想性还是艺术性都是很高的，读后让人久久回味。小作者采用寓言故事，构思巧妙，以幽默的笔调实现了讽刺的目的，深化了主题。情节也颇具匠心，整个故事情节曲折，结尾既在意料之外，又在情理之中；同时小作者善用细节打造人物形象，将爱憎包含在叙述之中，让读者读后去体会、去深思。（点评老师：张慧娜）

指导老师：李小露

我看到的相遇

呼和浩特市实验中学东河校区小学部六年级（4）班　郭昊

像在那一瞬间似的，我看到的相遇，一次真正的相遇。

故事是关于我国的原子弹实验，并不复杂。596工程里，工作人员高远，在一次实验失败后，当所有人面对危险紧急撤离时，高远毅然决然地返回实验室，靠着自己天才一般的大脑和高超的技术化解了这个危机。然而自己却不幸受到了核辐射，住进了医院里。

在医院里，他依旧心系实验，趁着医生不注意，偷偷地跑出了医院，想去打听原子弹的消息。街上熙熙攘攘的人群是那么的熟悉又陌生。高远在茫然中登上了一辆公交车。人群中的一个女人看到了他，和他打招呼，高远却说不认识她，这深深刺痛了女人的心。她不甘心，和高远讲述着他们之间的美好回忆。

面对往昔，面对恋人，高远再也无法抑制内心的情感，泪水在眼眶里打转，他想把自己的口罩摘下，让恋人好好看看这三年未见的脸。然而就在这时，公交车忽然停下，打断了一切。这时两人才发现，公交车旁已是人山人海，人们举着鲜艳的五星红旗，激动地高声呐喊："中国第一颗原子弹爆炸成功！"高远急忙向身边卖报的儿童要来一份报纸，双眼紧紧盯着上面的消息。想着无数个日夜辛勤的付出终于得到了回报，高远激动得说不出话来。女人也拿到了报纸，她看看报纸，又望向被人群冲向远处的高远，她仿佛在这一瞬间找到了他消失的答案。她眼里含着泪，嘴上挂着笑，激动地朝高远喊着："是你吗？"他们努力地想靠近彼此，却又被人群冲散。高远带着笑，消失在镜头中。

电影的结尾很悲伤，高远成为烈士，女人伤心无比。看完电影之后，我内心百感交集，有悲伤，有欣慰。悲伤的是高远成为烈士，一瞬的相遇成了一生的遗憾。欣慰的是高远的故事让我明白了，如果没有他们，我们根本就不可能拥有这么和平美好的生活，正是因为有千千万万个高远，他们不顾个人安危，不计个人得失，始终将国家利益放在心中，才有了我国原子弹爆炸成功，才有了祖国的强大与昌盛。他们对国家使命的高度责任感和敬业的精神深深打动着我。那一刻仿佛我也是那高举着五星红旗的人群中的一员，嘴上挂着笑，恨不得让眼睛、耳朵、鼻子也跟着一起笑。

像在那一瞬间似的，我理解了相遇，一次真正的相遇。

向那些为了我们的美好生活而付出艰辛努力的科技工作者致敬！

评语：准确地说，这是一篇观后感。证明了“关注时代发展，关注社会进步”并不是成年人的特权。文章开头设计新颖，吸引读者。小作者围绕“两个人的相遇”展开思考，从对两个人不能相遇的遗憾，升华到不相遇是为了让更多人遇见更美好的明天，让读者感悟到美好生活的来之不易，感动之余更懂珍惜。结尾点题，言简意赅，回味无穷。（点评老师：张慧娜）

指导老师：李小露

袜子出走记

呼和浩特市实验中学东河校区小学部六年级（3）班　王梓涵

“真的好讨厌我的主人，他穿完了我们都不清洗，直接把我们乱丢进衣柜里，我们身上好难受啊！”一阵微弱的对话声在寂静的夜中响起，这声音来自杧果大街苹果屋的一个衣柜里，说话的是两只袜子！“嘘，小点声，万一把主人吵醒了怎么办？”“我才不怕呢！我不想待在这儿了，我准备……你愿不愿意？”“这样真的好吗？好吧，我愿意。”

“啊！”这声音又是来自杧果大街的苹果屋，这次是在衣柜前。小男孩言言焦急地在衣柜里翻找着什么，什么都没找到后，言言一屁股坐在地上，哭丧着脸叫道：“我的袜子都去哪儿了？”可怜的言言上学要迟到了，可袜子们竟都不知去向，言言只好光着脚穿鞋去学校。

另一条街道上，竟有两只袜子在悠闲地散步，这正是言言家衣柜里的袜子。“你说我们这样真的好吗？我们走了主人就没有袜子穿了，他肯定很着急吧？”右边的袜子认真地说。“你想这事干吗？他对我们一点都不好，我们还不如去找自己的快乐呢。”“也是。那我们去哪儿呢？”“一会儿你就知道了。”

原来，言言是个邋遢的小男孩。他穿完袜子后从来不洗，只是随手一丢，等着妈妈来给他洗。袜子生活在“水深火热”中，于是其中两只袜子离家出走了。而其余的袜子也躲了起来，不想继续跟着言言。

再看言言，他今天在学校很不舒服，硬硬的鞋在他没有袜子保护时趁机作怪，把言言的脚磨破了两块皮。言言这时才想起自己的各种行为，他想：“如果我的袜子们可以回来，那我一定会好好爱护它们。尤其是爷爷之前送给我的那双。”

而这时，两只袜子停在言言的好朋友浩浩家门口。“你说这样可行吗？”“那当然，我之前听主人妈妈说浩浩最爱干净了，还爱护东西。”“别说了，有人来了！”

放学回家的浩浩，一眼就看到了躺在他家门前的一双袜子。他跑过去一看，开心地说：“这袜子真漂亮，只是有点脏了，它的主人怎么这么对待它们？我带回去洗洗，还可以穿呢！”

浩浩把袜子带回家，认真给它们泡了一个热水澡。两只袜子神清气爽地挂在衣架上。一只袜子得意地说：“你看我说什么？还是新主人好，我一点也不想回去了。”“嗯嗯，我也是。”

第二天浩浩穿着洗干净的袜子去学校，他发现言言情绪不高，便走过去想看看他怎么了。言言看着浩浩走过来，一眼就认出了他脚上穿的袜子是爷爷给自己的生日礼物。他麻溜地一下站了起来，焦急地问：“我的袜子怎么在你脚上？”浩浩回答说：“这是我在家门口捡到的，你怎么能说是你的呢？”言言正纳闷着，浩浩告诉了言言事情的经过，言言这才明白了袜子为什么离开他。

晚上，两只袜子挂在衣架上，右袜子说：“我们要不回去吧？言言好像很想念我们。”“好吧，听你的，那我们回去。”于是两只袜子便回到了言言家里。

第二天早上醒来的言言看到心心念念的袜子又回来了，他欣喜若狂。后来，言言改掉了自己的坏习惯，变成了一个爱干净的好孩子，再也没有出现过袜子丢失的情况了。

评语：少年的人生，总写着许多梦幻般的故事；少年的心中，总装着许多神奇的想象。小作者以生动的语言讲述了一双袜子从离家出走到回归的过程，内容有趣且很有想象力，盛装着作者的童真，憧憬着生活的美好。文章取材真实，贴近小学生的生活，有教育意义。（点评老师：张慧娜）

指导老师：李黄龙

母爱如水

呼和浩特市实验中学东河校区小学部六年级（2）班　裴艺然

傍晚时分，天上淅沥淅沥地下起了小雨，雨点砸在路面上，砸在房顶上，砸在被一只略显粗糙的手举着的雨伞上，发出滴滴答答的响声。

妈妈举着伞从车上下来。她的鞋子匆匆踏在湿漉漉的路面上，溅起了点点泥水，打湿了她的裤腿，可她浑然不觉。她举着伞快步向我走来，握住了我的手。

她的手很冰凉，掌心有些湿，我注意到她的裤腿也湿了。我问她："妈妈，你手心出汗了吗？"妈妈回答说："嗯。担心你下课早了，把你淋湿了，万一感冒怎么办？所以我路上有点着急。"我心头一暖，握紧妈妈的手，抱怨道："妈妈，今天老师布置了很多作业，我都快饿死了，还得回家写作业！"

妈妈有些心疼地看着我："你晚上又没有吃饭？这才几年级呀，就忙得顾不上吃饭，以后该怎么办？"

这时，我注意到，虽然我们是肩并肩一起走，但雨伞正正好好地举在我头顶，而妈妈一边在我头顶撑着伞一边替我背着书包，半边身子已淋得透湿。我赶忙把她原本放在我肩头上方拿着雨伞的手推到她那边：“你担心我感冒，但你也不能不爱护自己呀！让我来背书包吧！”

妈妈用温暖的目光注视着我，她说道：“长大了，懂得心疼妈妈啦！对了，你不是总跟我说学校离咱们家太远了吗？等你上了四年级，妈妈就准备给你换个离家近的学校！妈妈在学校旁边开一家小饭桌，专做你爱吃的！你周内还可以住在小饭桌，这样离学校就更近了。”

“好耶！”我欢呼着，扑过去，抱住了妈妈，可抱住她的一瞬间，我感受到了妈妈是多么瘦弱，我可以清楚地抚摸到她肩头硬邦邦的骨头，细看妈妈的面容也憔悴了不少。她用这小小的肩膀，居然扛起了我们这一个大大的家。

很快，妈妈辞了工作，替我换了学校，还在学校旁边开了一家小饭桌，我的吃穿住行果真方便了许多，更重要的是，我的学习成绩也随着妈妈的陪伴，渐渐变好了。

母爱如水，总是那么让人动容。感恩妈妈为我做的一切。我每每回忆起来，心底都一阵温暖。

评语：母爱伟大无私，却也正因为如此，容易写大写空。小作者的叙事虽平凡，感情却真挚、充沛、感人。对人物的语言、神态、动作等，进行精心细腻的描绘，这是本文的一大特色，例如“她的手很冰凉，掌心

有些湿”，既体现小作者观察仔细，又体现遣词造句准确传神。读来自然亲切，极具感染力，让人倍感温暖。（点评老师：张慧娜）

指导老师：李黄龙

我的“家庭风波”

呼和浩特市实验中学东河校区小学部六年级（4）班　郑楷霖

在我的家里，“战争”是再正常不过的事了，我早已见怪不怪。

书桌前的“战争”

在紧张的气氛中，我端坐在书桌前。看着眼前的“世纪难题”——堆积如山的作业，我的眉毛都已经皱成一个肉疙瘩。此刻，我盯着一道题，十分钟过去了，笔纹丝未动。“唐僧”——也就是我妈，看着我这个熊样儿，没好气地说：“干啥啥都不行，一道计算题都做不出来，上课的时候干什么了？”看来一场口水大战是在所难免了。时间一分一秒地过去了，我们就这样僵持着。终于，在“唐僧”的紧箍咒下，我败下了阵，不得不向其屈服请教。我费尽了九牛二虎之力，终于把作业做完了。

午睡风波

在大吃一顿午餐后，我和弟弟躺在了床上，准备休息。但没过多久，我又爬起来开始活动了——吃雪糕、玩玩具、看电视……正当我玩得尽兴的时候，“紧箍咒”又开始在我的耳边回荡：“我都说了好几回了，现在是睡觉时间，你这孩子怎么这么不懂事儿呢……”天使和魔鬼这时候在我脑子里争吵：关，不关；睡，不睡……我的内心极力地挣扎着，我的脑袋都快爆炸了。但为了安全起见，还是好汉不吃眼前亏。我关了电视，正往卧室走的时候，那无情的戒尺朝着我飞速抽来：“啊！我的屁股！”我下意识地用手去摸它。“还不赶快去睡觉！一天天的。”我像是一条被揍了的狗，夹着尾巴灰溜溜地进了卧室。

快乐是与伤心并存的

“太好了！自由了！”嘿嘿，“唐僧”终于在假期答应带我和弟弟出去玩了，但每当出门之前还是少不了一顿训：“一出去玩就把你嘚瑟的，平时一说到学习就跟坐牢似的。”

我当然只能忍着“唐僧”的唠叨。到了游乐园，我首当其冲，忘记了学习上的压力和来自家庭的不快，来到了过山车跟前，坐上了我心心念念的过山车。妈妈这一次下了血本，带着我和弟弟玩了蹦极、划船、抓娃娃等各种项目，我们玩得可尽兴了。

所以说，我们家的风波时不时就会有。家庭“战争”很正常，如果家庭没有了“战争”，那才不正常呢！

评语：读你的文章是一种享受。首先语言活泼明快，幽默风趣，比如“战争”“唐僧”“紧箍咒”，生动形象，读来总能让人会心一笑。其次人物刻画细腻传神，比如“我像是一条被揍了的狗，夹着尾巴灰溜溜地进了卧室”，极富表现力。最后就是结尾，言浅意深，耐人寻味，极富启发性。（点评老师：张慧娜）

指导老师：李黄龙

黑色星期六

呼和浩特市实验中学东河校区小学部六年级（4）班　李沛奇

时光如流水，一去不复返。从小到大我们经历了许多事，有些往事早已忘却，然而有一件小事却时常浮现在我的脑海中，难以忘怀。

蛋糕这种美食应该没有人会不喜欢吧？口感柔软绵滑的小蛋糕，搭配上甜甜的果酱，一口下去，一天的烦恼都消失得无影无踪了，那是幸福的味道。每当我看到电视广告中那些香喷喷的蛋糕时，便会口水直流三千尺。妈妈走过来看到我这样，笑着说："等到星期六的时候我给你烤一些蛋糕。"妈妈话音刚落，我就怀疑起来，妈妈平时连厨房都没进过，真的能……

星期五晚上我兴高采烈地回到家，早早写完了作业，摘眼镜、刷牙、洗脸一气呵成。躺上床后，我就想起了妈妈上周说的"等到星期六的时候我给你烤一些蛋糕"。带着对蛋糕的期待和对妈妈能否做成功的不确定，我进入了甜甜的梦乡，梦里都是蛋糕的奶香味，香气四溢……

第二天一大早，我就听见厨房"叮咚叮咚"一阵响。我迷迷糊糊地睁开双眼，走进厨房，只见妈妈从外面搬回许多东西，烤箱、打蛋器、蛋糕模具、家用小型搅拌机……看得我眼花缭乱。正当我看得入迷时，只听妈妈说：“准备开工！”首先她把手机打开找到教程，熟练地打了三个鸡蛋。然后用打蛋器打匀鸡蛋，用搅拌机将鸡蛋和事先做好的奶油搅在一起，只见碗中原本白白的奶油变得金灿灿的，非常漂亮。接着妈妈把奶油倒进蛋糕模具中，用铲子整理了一下形状，再把模具拿起来颠了几下，排除气泡。最后一步就可以放入烤箱开始烤了。

大概过了四十分钟，只听“叮”的一声，烤箱门弹开了。我以迅雷不及掩耳之势冲进厨房，只见……只见烤箱里一团黑乎乎的东西出现在我眼前。妈妈戴上手套把“煤炭蛋糕”端了出来放到餐桌上。我和妈妈对视了一秒，突然我有一种不好的预感涌上心头，我拔腿就跑。可妈妈好像预料到我会跑一样，紧紧抓住我的胳膊把我拽了回来，认真地说：“尝尝吧！妈妈费了好大功夫呢。”说完便揪了一块儿蛋糕送进我嘴里，一股怪味儿瞬间在我嘴里蔓延开来。我把“煤炭蛋糕”吐了出来，紧紧地皱起了眉头。

虽然这件事过去了很久，妈妈现在也能烤出香喷喷的蛋糕了，可那个“黑色星期六”却让我久久不能忘怀，不能忘记初次品尝“煤炭蛋糕”时的滋味，也不能忘记妈妈对我的爱。

评语："烤蛋糕"是生活中的一件小事，却在小作者笔下成为亲情的黏结剂。开篇写被蛋糕吸引，为后文妈妈为了满足孩子的愿望勇于尝试"烤蛋糕"埋下伏笔，情节叙写流畅，"烤蛋糕"的过程描写细腻而富有画面感。当面对"煤炭蛋糕"，"跑""皱眉"等动作、神态的描写，把小作者的排斥表现得淋漓尽致，自然而真实，结尾表达出对母亲深深的爱，情感真挚。（点评老师：刘晶）

指导老师：李小露

是关爱，更是救赎

呼和浩特市实验中学东河校区小学部六年级（4）班　李昀泽

随着同学们迈入校园，高三忙碌的生活就此拉开了帷幕。

清晨六点，四中的教学楼里挤满了人。同学们拿着课本大声朗诵着，他们的手指灵活地翻动着书页，时而拿出荧光笔在课本上涂涂画画，时间在纸页间流淌。四中的王校长见到同学们刻苦学习的样子，欣慰地笑了。没有人注意到在众多努力学习的学生中，有一个人显得格格不入。

“所谓‘同气连枝，共盼春来’，就是说在大家都被黑暗笼罩时要齐心协力一起克服……”突然，语文老师的声音戛然而止，她大喊道：“张鸣宇！”与此同时，半截白色粉笔以一条优美的弧线落在了张鸣宇的头上。

张鸣宇伸了个懒腰，打着哈欠，不情愿地从课桌上抬起头来，转头看向了同桌。同桌赵小宣用手挡住嘴巴，小声又快速地对他说：“老师让你把黑板擦了。”张鸣宇翻了个大大的白眼，拖着沉重的步伐走上讲台，拿起黑板擦不管三七二十一地擦完了黑板上的所有内容。赵小宣偷偷地坏笑起来，下面的同学炸开了锅，议论纷纷。语文老师更是气炸了，把书本“啪”地一下拍在了桌子上，教室顿时鸦雀无声。“张鸣宇，出去罚站！”语文老师怒吼道。张鸣宇摇头晃脑、若无其事地走出了教室，仿佛老师说的是其他人一样。

后来语文老师通过家访了解到张鸣宇的妈妈去世得很早，爸爸是个嗜赌如命的赌徒，最疼爱他的爷爷在他初三那年去世了。以前，张鸣宇的学习成绩十分优异，在班级名列前茅。自从爷爷去世后，张鸣宇一蹶不振，渐渐对学习不再上心，成绩一落千丈。

语文老师把张鸣宇的遭遇告诉了同学们，大家都很同情他。赵小宣十分后悔让张鸣宇在同学面前出丑。从那以后，有些事情在悄悄发生变化……

同学们玩耍时会叫上张鸣宇，赵小宣每天帮张鸣宇带早饭，发现他上课睡觉就把他叫醒……起初，张鸣宇不屑一顾，但慢慢地他发现，同学们的关心好像亲人给他的关怀一样。

9月22日这天是鸣宇的生日，高三（4）班的同学们给张鸣宇举办了一个生日派对，大家都为鸣宇送上了最诚挚的祝福。派对的最后，语文老师真挚地对他说：“鸣宇，你的爷爷一定也希望你可以好好学习、好好生活，考上理想中的大学。”鸣宇被同学间的情谊和老师的关爱感动哭了，他说：“谢谢大家，你们让我又一次感受到了温暖。”

从那以后，张鸣宇奋发图强，刻苦努力学习。晨曦初露，他已坐在书桌前奋笔疾书；夜幕降临，在灯光的照映下他的身影依旧坚定。就这样，日子一天天地过去了……

终于迎来了高考，当他第一眼看到作文题目时，不禁红了眼眶，他已经知道该怎么写了：山和山不相遇，人和人要相逢。在我身边有这样一群人……

评语：作者开篇对“张鸣宇”的刻画细致入微，“格格不入”“伸懒腰打哈欠”、和老师作对，一个慵懒的学生形象跃然纸上，欲扬先抑。后续情节一转，引出张鸣宇的身世，同学们对他的关心接踵而至，为主人公的转变埋下伏笔，并与题目中的“救赎”相呼应。结尾从第一人称的视角叙写故事，情感在欲说还休的表达中缓缓流出，留下悬念，引发读者想象，意境深远。（点评老师：刘晶）

指导老师：李小露

雪落进我的眼睛

呼和浩特市实验中学东河校区小学部六年级（2）班　荣珂

这一年的冬天，雪花纷纷扬扬地从天空中飘落下来，落进我世界的每个角落，也包括我的眼睛。雪，是纯洁的。如此洁白无瑕的雪花落进了我的眼睛，让我想起了和雪一样纯洁的你。

雪花漫天落下来，犹如鹅毛一般。洁白的雪落在大地上，到处银装素裹。就是在这样美丽的一天，我认识了一位这辈子都难以忘怀的朋友。

下课铃声响起时，班里的同学一窝蜂地奔向了操场，大家在漫天飞舞的雪花里自由自在地嬉戏打闹，好似一匹匹脱缰的小马，玩得不亦乐乎。一直到快上课时，大家才从雪堆里爬出来，恋恋不舍地奔回了教室。刚回到教室，上课铃声就响了起来。不同于往常的是，这节课老师的身后还跟了一个小女孩。同学们都用好奇的目光盯着她。小女孩长相清秀，有一头乌黑的长发、一双闪闪发光的眼睛、高挺的鼻梁和一张樱桃小嘴。老师拍拍手，向我们介绍：“同学们，今天我们班来了一位新同学，名字叫作紫藤。大家以后一定要好好帮助她、关照她。”说完，老师便让新同学去找座位。正好，班里唯一的空座位就是我旁边的位子。新同学坐下后，朝我打招呼："你好，我叫紫藤，以后请多多关照。"说完，她腼腆地朝我笑了一下。她笑起来的时候，眉眼弯弯的。她有一口洁白的牙齿，脸颊还有两个酒窝，非常好看。我赶忙说道："我叫琉璃，有什么事你都可以找我的。"说完，我们便开始好好听课了。

令我惊讶的是，紫藤居然和我是一个小区的，放学回家，我们边走边聊天。忽然，有一片小雪花落进我的眼睛里，她用纤细洁白的手指轻轻地帮我擦干眼角。那一刻，我的心底一股暖流涌了进来。不知不觉中，我和紫藤成了好朋友。我永远都记得她对我的帮助。有一次，我期末考试考差了，心情很糟糕。是她安慰我，鼓励我，还扮鬼脸逗我开心，让我重拾信心和希望。

时间如白驹过隙，转眼间我们小学毕业了，那一天我望着她走得越来越远的背影，缓缓流下了两行泪水。

又是一年冬天，雪花又飘进了我的眼睛，可是这次却没有人再为我擦了。

评语：小作者开篇用雪花引入人物和事件，借用雪花的纯洁突出友谊的纯洁，之后笔锋一转进入叙事。两人从相识到相知到彼此关爱和支持，经历的点点滴滴感人至深，流露在质朴的语言中。开篇雪花的场景和结尾雪花飞进眼睛的情节设计，首尾圆合，运用细节描写

细腻地写出了对朋友的深切怀念之情及对友谊的珍惜。（点评老师：刘晶）

指导老师：李小露

温暖的家

呼和浩特市实验中学东河校区小学部六年级（4）班　王昱涵

在一片郁郁葱葱的树林中，有一棵苍翠挺拔的百年古树，这棵古树像一把撑开的绿色大伞，庇护着树林里的生灵。古树下，生活着一只怀孕的流浪猫。猫妈妈大着肚子，此刻看起来十分痛苦，因为她要生宝宝了。林间的喜鹊叽叽喳喳，一会儿拍打着翅膀，一会儿在林间盘旋，仿佛在给猫妈妈加油助威。

终于，猫妈妈艰难地产下了一只皮包骨的小奶猫……

小猫很瘦小，可能在妈妈肚子里时就缺乏营养。但是，猫妈妈十分疼爱它，每天都会把自己千辛万苦找到的食物分给它的孩子，小猫也在妈妈的呵护下一天天健康长大。

这天，不幸的事发生了，有两个专门贩卖动物的坏人开车路过，发现了在一旁独自玩耍的小猫。于是，他们拿出笼子，打算强行把小猫抓走。小猫拼命反抗，奈何小猫力气太小，最终也没能抵抗住那两双硕大强硬的手。正在这时，猫妈妈出现了，它猛地扑向即将关闭的笼子，死命咬住坏人的手不松口，坏人被咬得哇哇直叫，最终痛得实在没有办法，只好放了小猫。

小猫死里逃生。不久，属于它和猫妈妈的幸运之神也即将降临……

这是风和日丽的一天，天空蓝得好像水洗过一样。猫妈妈带着小猫正在寻找食物。在小河边，它们遇到了一位和它们处境一样的老爷爷，老爷爷衣衫褴褛，身后背着一个巨大的尼龙袋子。很明显，爷爷也在流浪。他看了看手中仅有的一个馒头，把比较干净的一半分给了小猫。老爷爷蹲下身来，轻轻地抚摸着小猫弱小的身躯，慈祥地笑着："两个小可怜，你们也没有家吗？以后跟着我好喽！"说完，爷爷从袋子里掏出一个捡来的纸箱，里面有破旧但是暖和的小毯子。他将小猫们抱起，慢慢地放进纸箱里。小猫好像也知道自己要有一个温暖的家了，并没有反抗。

就这样，日子一天天过去。小猫在一天天长大，变成大猫；大猫也在一天天衰老，它们要做最后的告别了。猫妈妈去世后，小猫每天陪着爷爷一起捡瓶子，爷爷用捡来的瓶子换了钱，买了自己都舍不得吃的东西，给小猫补身体。还给小猫起了一个好听的名字——平安。因为爷爷希望小猫能永远平安、健康。不久，平安长得肥嘟嘟的，毛色很有光泽，身上也很干净，可爱极了！

有一些人对爷爷说，把平安卖了，可以换一点钱，改善一下生活。每当这时爷爷都会很不高兴，并毫不犹豫地拒绝："我们现在也很幸福，即使我吃不饱，也不会把平安卖掉的。"

平安很心疼爷爷，看到塑料瓶总会第一时间叼给爷爷。爷爷也很爱平安，会用捡来的瓶子给平安做玩具。看到平安玩得那么开心，爷爷也开心地笑了。

平安虽然知道自己在流浪，但它却有一个温暖、幸福的家，还有一个爱它的爷爷。

评语：小作者从小猫的出生入笔，先后写了小猫经历的不幸和万幸，遇到贩卖动物的人时猫妈妈舍身保护小猫的举动传递出深沉的母爱；遇到老爷爷为它们遮风挡雨，诠释出善良的真谛。小猫前后经历形成对比，在对比中凸显世间真情的可贵。结尾的设计寄寓深刻的道理，“平安”一名传达出小作者的美好愿望，引发读者的深刻思考，进一步深入理解情感的力量。（点评老师：刘晶）

指导老师：李小露

守望明天

呼和浩特市实验中学东河校区小学部六年级（4）班　邢赫涵

守望，既是留守，又是期待。在我身边，就有一群守望明天的人。

小云朵是一名留守儿童，爸爸和妈妈在一年前去北京打工了，家中除了她，只剩下两岁的弟弟和七十多岁的姥姥。

小云朵变为留守儿童，还得从两年前说起。那年爸爸因为年纪大被公司裁员，一家人只能靠妈妈微薄的工资来维持生计。过了几个月，妈妈也因为年龄问题被迫下岗，家里一下子就没有了稳定的收入来源。之后，迫于生计，爸爸和妈妈只好坐长途汽车去北京打零工。

小云朵每天只能穿着补了又补的旧衣服来上学，她的同学不但嘲笑她，还处处排挤她，不和她说话。可她却不沮丧，认为明天肯定会比今天好。

在一次课间，有同学就一直在她耳边说："你爸妈不要你啦！"小云朵并不生气，她大声说："他们明天会回来的，明天不回来，明天的明天也会回来的！"那声音响彻云霄，好似在宣示着什么。同学们的心颤抖了，老师的心颤抖了，她自己的心也颤抖了，仿佛整个世界都颤抖了……从此，再也没有人嘲笑她、排挤她了。因为，他们很钦佩小云朵的乐观态度，以及她对未来美好生活的向往。

小云朵每天都早早地起床，先把弟弟安顿好，再做好早饭就去上学了。中午再回家做午饭，有时边温书边做饭。下午放学，小云朵先去菜市场买菜，然后迅速跑回家中做饭、完成作业。这样单调的生活，她也总能找到乐趣。

每天做饭前要先洗菜，她总是像给小宝宝洗澡一样，温柔地拿手搓洗，还会配上一些俏皮的话："来，小西红柿，把你的小脑袋露出来，让我们的指头工人给你按摩一下吧！小白菜叶，你也不要害羞，把身子露出来，洗个热水澡多舒服啊！"这些话语，充满了童真。日子就这样在忙碌和快乐中一天天度过……

在今年元旦的时候，爸爸妈妈给小云朵打电话互道了平安，并告诉小云朵打算明年五六月回来。听到这个消息，小云朵兴奋极了，她激动得上蹿下跳，还高声说："你看！我的'预言'成真了！"奶奶看到了也很高兴，弟弟虽然不知她们为何如此高兴，但也咧开嘴巴大笑起来。

守望明天，小云朵守望到了明天。明天会比今天更美好，阳光也会更温暖。

评语：明天是小云朵质朴的期待，也是千万个像小云朵一样远离父母的孩子对父母亲情的向往。小作者选取小云朵生活中的片段，塑造出面对排挤时信心坚定、勤劳勇敢、乐观又富有童真的小云朵形象。文章结构严谨，结尾小云朵憧憬明天即将到来，充满温情，感人至深，质朴自然的语言中传递出主人公对世间美好的亲情的守望。（点评老师：刘晶）

指导老师：李小露

一车一世界

呼和浩特市实验中学东河校区小学部六年级（3）班　王梓涵

“车辆进站请注意安全。欢迎您乘坐××路公交车，上车的乘客请扶好站稳，下一站……”我从小就对公交车情有独钟，因为我的爸爸是一名公交车司机。爸爸的工作虽然普通，但在我看来，他却是呼和浩特这座城市最亮的那颗星。圆圆的方向盘是他的责任，也是他的希望，那是他的整个世界。

爸爸的工作是分上下午班的。上午班时，天没亮，我还在熟睡中，他就已经去工作了。下午班时，总是等到我快要睡着了，他才能回家。因为工作，他几乎没有时间陪我，也总是不能按时吃饭，可是爸爸从来都没有一句怨言。

爸爸的工作没有节假日，即便有轮休的机会，他也会把这个机会让给那些需要照顾家里老人的叔叔阿姨们。每次我们全家要出去游玩、聚餐，包括吃年夜饭，他都很少能够参加。奶奶经常数落爸爸，埋怨他不顾家，可他总是憨憨地那么一笑，说：“有孩子她妈呢！”

我想让爸爸休息陪我，他总是对我说：“爸爸得去上班，如果不去上班，乘客们等车的时间就会变长。”可是爸爸你知道吗？你总是在为别人考虑，却从没考虑过自己的家人。

有一次我生病了，可恶的感冒病毒像一只怪兽钻进了我那小小的身体里。我的身体非常虚弱，呼吸困难，浑身冒虚汗。妈妈既要为我量体温，又要用毛巾为我敷额头，还要在间隙喂我吃药。看着妈妈忙碌的身影，我的内心更加难受了。

我想爸爸了，我好想让爸爸妈妈一起陪我，可是爸爸上班去了。妈妈忙得不可开交，又心急如焚，她拨通了爸爸的电话。爸爸得知了我的情况急切地询问着妈妈，他说他尽量请假回来，我能听得出爸爸对我的担心。可是，十分钟过去了，二十分钟过去了……我依然没有看到他的身影，妈妈再拨打他的电话，电话就打不通了，因为爸爸又要发车了。

其实，很多时候我不能理解爸爸，难道那个小小的方向盘就那么重要吗？渐渐地我长大了，我终于理解了爸爸。就是那个小小的方向盘，承载了我们全家人的生活希望，承载了车上所有人的安全，承载了爸爸的整个世界。

在呼和浩特，也正是因为有像爸爸这样的一群人，才使得这座城市如此和谐。也正是因为他们的无私奉献，才使得大家能够开开心心出门，平平安安回家。一车一世界，在爸爸的公交车世界里，平凡而有意义的工作是开心的，是值得的。所以，爸爸就是青城最亮的那颗星！

评语：因为源自亲身经历，所以读来格外真挚感人。我们的城市中有着数不清的像小作者父亲一样普普通通却又必不可少的劳动者。他们舍小家、为大家，几十年如一日地坚守在自己的岗位上，默默无闻、甘于奉献。女儿对父亲工作由不解到理解，由支持到为之自豪的过程不就是真真切切发生在我们身边的故事吗？真情实感就是最美的语言，有真情的文章永远动人。（点评老师：莎日娜）

指导老师：李黄龙

温暖的味道

呼和浩特市实验中学东河校区小学部六年级（4）班　郑楷霖

清晨的蒙古包里，阿妈正忙着准备一家人的早饭。火炉上煮着热气腾腾的奶茶，浓郁的奶香味将睡梦中的孩子们“叫醒”。睁开眼深吸一口气，依旧是熟悉的味道，那温暖的感觉犹如妈妈的怀抱，一生难忘！

古老的蒙古高原是奶茶的发源地，自元朝起这里便有了正宗的蒙古奶茶。在牧区，牧民们习惯于“一日三餐茶、一顿饭”。所以，喝奶茶除了解渴外，也是补充营养的一种主要方法。数百年后的今天，奶茶仍是每个蒙古族家庭的日常饮品。生活在青城的人们，即便不是蒙古族，也都早已习惯了餐桌上那一锅香喷喷的奶茶。

爸爸的一位朋友是广州人，去年他第一次来呼和浩特，我们全家人带他去吃蒙古餐。当那一锅热气腾腾的奶茶端上桌时，叔叔惊呆了，他急忙去尝了一口：“奶茶居然用锅煮，而且还是咸咸的！”他开始大口大口喝了起来。看着他一口奶茶一口肉，吃得无比开心，我在想：“看来奶茶不仅温暖着每一位青城人，也让来自远方的客人感受到了温暖。”

蒙古族的奶茶，是在煮好的红茶中加入鲜奶、炒米、牛肉干和黄油熬制而成。和台湾的珍珠奶茶相比，蒙古奶茶多了炒米的米香和黄油浓郁的口感，咸香丝滑，沁人心脾。

每个人喝奶茶都有自己不同的喜好，有的人喜欢把奶皮泡进去，让它的奶香味更加浓郁；有的人喜欢把手抓肉泡进去，体会那种奶香和肉香混合在一起的味觉冲击感；有的人喜欢把馃条泡进去，享受那种谷物被牛奶浸泡后的软糯……

捧一碗热乎乎的奶茶，在那扑鼻的香气中，感受到了温暖的味道，轻轻地喝一口，缓缓地流过舌尖，滑入喉咙，那一股暖流直达心底，如同暖阳，驱走了冬日的严寒。

奶茶虽没有红酒的高贵，没有绿茶的清香，但那古朴醇香的味道，伴随着蒙古民族度过了历史的风雨岁月，成为蒙古人最爱的味道。俗话说：“宁可一日无食物，不可一日无奶茶。”它是草原儿女对家乡的热恋，也是对客人最热情、最真挚的款待。

点评：奶茶是蒙古族人民最熟悉的日常饮食，文章以细腻的笔触生动地描绘了奶茶的口感，将读者的感官体验推向一个又一个高潮。牛奶的香醇、炒米的软糯、肉干的浓郁混合在一起，构成了小作者笔下蒙古民族独具特色的奶茶。这种对细节的捕捉和呈现使得读者沉浸其中，恨不能亲自品尝那份美味。小作者有一双善于发

现的眼睛和一颗敏感细腻的心，把生活中的寻常之物写出了趣味，写出了光彩。（点评老师：莎日娜）

指导老师：李黄龙

雄鹰展翅，搏击长空

呼和浩特市实验中学鼓楼校区初三（4）班　李伊琳

弹指一挥间，青城已经发生了日新月异的变化，如雄鹰般展翅高飞，搏击长空，给华夏疆土添上了浓墨重彩的一笔。

少时，我常常穿梭于这座城市，每一个注入了青城元素的景点都留下了我的足迹。一轮一轮的岁月交替中，我与青城欣然见证了彼此的成长。

怀揣着这份欣喜与感动，以及一颗渴望拥抱大自然的心，我再次踏上了呼和塔拉草原。草原上，在广袤无垠的天空中自由翱翔的雄鹰，夕阳西下时，被晚霞披上红装的那匹肆意奔跑的骏马。别具一格的民风民俗让人驻足留恋，有悠扬的马头琴声，有质朴高亢的蒙古民歌，有精美绝伦的蒙古包……行走在草原上，沐浴着薄荷一样清凉的空气，感受着草原的辽阔，灵魂便多了一份波澜不惊的从容和安宁。

玩累了，走进蒙古包，坐在餐桌前，热情的蒙古族人民便会为我端上一碗热气腾腾的奶茶。奶茶颜色较淡，散发着温润香浓的芬芳。喝一口，幸福的味道在唇舌间绽放，沁人心脾的茶香浸润我的心田。接着上桌的是羊杂碎，它香气扑鼻，汤味醇厚。这样一碗五味俱全的羊杂碎下肚，浑身上下皆会被炽热包裹，温暖的感动荡漾在心间。我和蒙古族人民一起，大碗喝茶，大口吃饭，蒙古包里不时传来爽朗的笑声。

告别呼和塔拉草原，一路颠簸抵达脑包村，抵达这个新开发却游人鼎沸的景点。景点布局由东而西，绵延而行。最东面是飞流而下的瀑布，只见它挟着哗哗的水声，一泻千里，像一匹烈性马，见证着世世代代青城儿女的雄心壮志。不远处是历史陈列馆，这里存放着大量的照片和文物，不仅记录了脑包村和青城的发展，也激励了新一代青城人勇往直前，去开创新时代的辉煌。

怀着对民族文化的敬畏之心，我将目光转向塞上老街。踏上它的那一刻，我仿佛走进了一段悠久的历史，一砖一瓦都承载着千年光阴。那青砖瓦房，那爽滑软嫩的小吃，那独具匠心的饰品和小泥人，都融入了几千年文明累积的日月精华，像是画家手中的笔，描绘出了青城古色古香的风貌，刻在一块块石砖里。

青城，一座令我引以为傲的城市，好似一场梦，一场童话般绚丽多彩的梦。独一无二的自然风光，独具特色的民族风情，喷香诱人的美味佳肴，博大精深的文化内涵，直率大方、团结勇敢的青城人……它用自己独特的魅力向中国乃至世界诠释了它的价值，向世界展示了一个日新月异的城市。

我坚信，不管未来多么遥远，不管时光多么漫长，青城将始终以飞翔的姿态傲然挺立在中华大地上，延续着它的辉煌。

评语：正是因为对故乡饱含深情，青城广袤的草原，好客的人民，崭新的城市，古朴的老街……一砖一瓦，一草一木，才会在小作者笔下透出浓浓的情思，也撩拨着读者的心弦。光阴不语却悄然见证了这座城市的成长，在作者的笔下，我们看到了新一代青城人的自信模样，也坚信青城有更加辉煌的未来！（点评老师：莎日娜）

指导老师：李黄龙

醉在“惊鸿一面”

呼和浩特市实验中学鼓楼校区初一（4）班　王之彤

仿佛映当年，翩若惊鸿影。紫烟燃心语，留香候人寻。

——题记

何谓醉？是李白笔下“金樽清酒斗十千，玉盘珍羞直万钱”的肆意潇洒？是苏轼词中“夜饮东坡醒复醉，归来仿佛三更”的宁静悠远？还是李清照口中“常记溪亭日暮，沉醉不知归路”的清淡优雅？在我眼中，醉是沉醉、陶醉，是我对青城的魂牵梦绕，是青城给我的惊鸿一面。

几百年前，这里是荒凉的，是“远衬孤城叠翠浮，大荒形胜此山留”；这里是雄伟的，是“筑城绝塞跨冈陵，门启重关殿百层”。现在的呼和浩特，现在的青城，是“青色的高楼大厦，灰白的沥青马路，五彩的西洋壁画”。青城，早已把它的惊鸿一面展示给了我们。

醉，醉什么？吾醉爱其风景。昭君墓，春天这里初绽新绿，夏天这里生命力蓬勃，秋天这里秋阳杲杲，冬天这里银装素裹。

想当年昭君出塞，以一袭红装惊艳汉元帝，远嫁匈奴，不仅留下“落雁”的传说，也换来了长达半个世纪的和平、安宁。“一上玉关道，天涯去不归。”现在的青城，早已变成了一方乐土。而如今，单是从她的雕像，她那双含情脉脉的眼睛里，你就会发现她对这方热土的热爱，她对这方热土的沉醉。辉腾锡勒草原黄花沟，每年春天，就开满了黄花。黄花芬芳馥郁，花香像是把世界上最香的酒浓缩在其中。也正是因此，它吸引了一批又一批游客前来观赏，醉在其中。风景把它的惊鸿一面展示给了我们！

醉，醉什么？吾醉爱其美食。万物皆可夹的焙子，色香味俱全的烧卖，外焦里嫩的烤全羊，无一不在挑逗着你的味蕾。烤全羊，成了欢迎远客的招牌菜，吃过它的人，都沉醉在其中，成了回头客。焙子，甜的、咸的、辣的。人生百态，何尝不是如此？美食把它的惊鸿一面给了我们！

醉，醉什么？吾醉爱其民魂。青城人的热情好客，全国人民都有所耳闻，这里的人们，不会因为彼此的利益去争夺。质朴、纯真而又不失野性的性子，早已深深地烙印在了每个人的骨子里。来到这里，你不会感到算计之心，处处都是热情好客之人。如果你定居在这里，那定是民魂让你沉醉。民魂把它的惊鸿一面给了我们！

我为风景而醉，我为美食而醉，我为民魂而醉。醉在我眼中，早已不是潇洒肆意、清淡优雅、悠然自得，它早已被赋予全新的含义。它是我们对家乡的牵挂，对家乡的沉醉，是家乡给我们的惊鸿一面。“丰年人乐业，垄上踏歌行。”我们的青城，是繁华而又古老的，它有全国最大的奶源基地，也有元、辽、明、清的古老建筑。“谁一颦一笑，摇曳了星云？”是青城，我们皆为它而醉，它亦给了我们惊鸿一面。

评语：斑驳的过往给了青城历史的厚重感，崭新的现在赋予青城蓬勃的生命力，只有生于斯长于斯，才能描绘出如此真实又如此丰富多彩的场景、别具特色的风物民情。在作者的笔下，醉人的青城，不只有迷人的风景、诱人的美食，更有质朴的民风、悠久的文化，让人魂牵梦萦，切切在心。小作者文字功底深厚，历史故事、诗词名句，信手拈来，语言表达沉稳自然，令人赞叹。（点评老师：莎日娜）

指导老师：李黄龙

莫不静好

呼和浩特市实验中学鼓楼校区初一（4）班　石韵玄

宜言饮酒，与子偕老。琴瑟在御，莫不静好。

——题记

“东风渐急夕阳斜，一树夭桃数日花。”“夕阳无限好，只是近黄昏。”“形影腾腾夕阳里，数峰危翠滴渔船。”浪漫莫过于和心爱的人一起老去，在暮年时一起等待日落。在我的印象中，有一对老人诠释着这种浪漫。他们虽不轰轰烈烈，但相濡以沫、相互关心、平淡闲适。

相遇

爷爷很喜欢和我说他是怎么追到奶奶的。几十年前，新中国刚刚成立，爷爷奶奶也都是二十出头的样子。爷爷和奶奶相遇得很凑巧，奶奶在政府门口碰坏了爷爷的自行车，从那以后爷爷说政府是他自行车被撞坏的见证者，不依不饶地追着奶奶，要求赔偿。他们第二次相遇是在绥远火车站，两个很急的人，在门口撞到了一起，四目相对却又面面相觑。为了赔罪，奶奶留下了自家的地址，请爷爷以后去玩。奶奶离开时没看到爷爷得逞的笑容。其实哪有那么多凑巧的事啊，不过是人们为了达到目的所谋划的相遇罢了。但爷爷当时也不知道，奶奶其实也是故意的，她看穿了爷爷的小伎俩，她要来绥远火车站的消息也是故意放出去的，这一切也只为着相遇。

恬意

在我记忆的卷轴中，奶奶从不曾站在抽油烟机下忙碌。只是因为爷爷说过，要永远照顾奶奶。在那个小房子里，阳光透过窗帘的缝隙，暖洋洋地洒在地板上，猫儿卧在地板上，伸着懒腰。爷爷打开了抽油烟机，蔬菜在油中吱吱作响。奶奶逆着光在阳台上晾衣服，水在衣角聚集，成了小水滴落在盆里，亮晶晶地反射着光。抽油烟机的声音好大，奶奶都听不见爷爷说的话。无奈之下你一言我一语地喊来喊去。后来啊，两个老人相视一笑，都摇了摇头。爷爷做的饭，奶奶从来不挑剔，爷爷也向来记得奶奶的口味。有时出去吃饭，奶奶还会感叹外面饭店厨师的做菜技术不行。爷爷的周围总是弥漫着薰衣草香——爷爷喜欢薰衣草。所以奶奶买了薰衣草味道的洗衣液，还用薰衣草熏被子，我偶尔会轻吸一口空气，感叹一下薰衣草的好闻。爱情不一定是海誓山盟，爷爷奶奶的平淡爱情足以让我羡慕。

美好

有一种别样的浪漫叫作看夕阳。太阳一不小心掉到了山脚，爷爷趁机展开木椅，拉着奶奶的手，再泡上一盏老茶。茶叶在水面摇晃着，这茶也怪，还能“醉”人。奶奶脸上爬上的绯红，恰恰与天上的夕阳遥遥相映。阳光渐渐变为橘红、橙黄，最后暗淡下来。对了，爷爷最喜欢下棋了，他可是能称霸公园棋圈的男人。但在刚入门的奶奶这里，爷爷却总是吃败仗，节节败退。当时年幼的我曾一度认为奶奶吃了灵丹妙药，后来才明白是爷爷想让奶奶赢，想让她一直赢。滴答滴答，屋檐上滴下的水珠倒映着奶奶和爷爷十指相扣的手，还有挡住车流的身躯、浮上嘴角的微笑。

青城、老人、爱情三个名词碰撞摩擦出了一段难忘的爱情故事。爱情使人忘记时间，青城使爱情得以容存，老人使青城更加美好。青城是我们的家，也是爱情的寄居之所。

我印象中的青城有我爱的家人、朋友、老师、我的小房子，而我印象中的绝美爱情亦发生在青城。

评语：文章以“相遇”“恬意”“美好”三个部分串联起了爷爷和奶奶的爱情故事。似蒙太奇一般的镜头转换，让读者在生动的故事中游走、沉思。文章情感真挚，句式灵活多变，关联词运用娴熟，使语言表达流畅自如，富有散文美。爷爷与奶奶的爱情始于偶遇，经历了时间的沉淀，带着别样的浪漫，读来让人艳羡。抒真情，写真意，给人留下了深刻的印象。（点评老师：王乐）

指导老师：李黄龙

青城——北疆的塞外明珠

呼和浩特市实验中学鼓楼校区初一（4）班　贾斯涵

历史悠久、景色宜人的内蒙古肩负着保卫祖国北疆安全的这一神圣的重任，在它的中部镶嵌着一颗璀璨的塞外明珠——青城。我们可以从这座古城的四季里亲近它的文化，感受它的文明。

——题记

塞外青城有着丰厚的历史底蕴，万家传诵的“昭君出塞”，带着传奇色彩的“三娘子传奇”“御马刨泉”等美丽传说。这些丰富的文化底蕴让青城人民颇感骄傲和自豪，也吸引了无数中外游客络绎不绝地前来一睹它迷人的风采。青城的四季虽然没有苏州园林的皇家风范，没有昆明的四季如春，没有桂林的山水如画，但是青城四季的美是独特的，散发着无穷的魅力。

春天的青城，宛如一幅墨迹未干的画，美不胜收。到处弥漫着丁香的花香，让脚步忙碌的路人沉浸在沁人心脾的清香中，感受到春的气息；街道两侧的绿色屏障里，大树披上了新的绿装，小草也被淅淅沥沥的春雨浇醒，急忙钻出了小脑袋，伸一个久违的懒腰，看看这座快速发展的城市日新月异的变化；最具特色的烧卖一条街也比以往更加热闹，朴实的青城人民津津有味地吃着烧卖，喝着砖茶，畅聊着新的一年自己的理想和目标；青城公园里杏花、桃花竞相开放，争奇斗艳，公园里的人有的唱着戏曲，有的吹着悠扬的葫芦丝，有的在练武术。春的美景和美景中的青城人民让这座城市充满了勃勃生机。

夏天的青城，湛蓝碧空飘浮着几朵悠闲的白云，仿佛蓝色的海面上不时有白色的帆船畅游，甚是自由，像极了蒙古族豪放自由的天性。如期而至的“那达慕”让城市褪去了喧嚣亮彩，仿佛回到了弯弓射大雕的英雄年代。广场上，老百姓载歌载舞，“昭君文化节”唱响了民族团结的主旋律，向世界展示了民族地域文化特色，塑造了青城这座文化历史名城的形象。

秋天的青城，虽然不再有春的温润、夏的葱郁，但是却有着诗情画意般的韵致。每一个公园尽显层林尽染的色彩，秋风吹过，树叶仿佛奏起乐章，火红的、金黄的，五彩斑斓的树叶飘落在地面、湖面，不免让人心生怜惜。此时，在秋雨潇潇中漫步在昭君博物馆外，昭君墓矗立在烟雨迷雾之中，让人顿时心生联想，昭君虽然离去数千年，但她为中华民族大团结做出的贡献和牺牲已经成为这座城市的精魂，没有昭君出塞，就不会有今天这座城市的和平发展。

冬天的青城，纯洁美丽，莹洁璀璨，像极了居住在这里的勤劳质朴的人民，一场冬雪将这座城市装扮得冰清玉洁。雪花落在高大挺拔的松树上，映入眼帘的便是“忽如一夜春风来，千树万树梨花开”的美景。冬雪中的大召寺尽可与冬雪中的北京故宫相媲美，金色的屋顶被圣洁的白雪覆盖，与红色的围墙交相辉映，让这个著名的藏传佛教圣地尽显旷静肃穆。这里的冬天虽然寒冷，但是人们的心底无比温暖，无比炽热，因为这座城市的每个角落里都孕育着这座城市的希望与明天。

走过了这座城的春、夏、秋、冬，一步一步感受着蓬勃发展的北疆塞外明珠从古至今的魅力，感受着民族一家亲的深厚感情。其悠久的历史让这座城市有了丰厚的底蕴，其独特的民族文化让这座城市备受瞩目，其优美的风景让这座城市愈发多姿。这颗明珠孕育了勤劳、质朴的青城人民，青城人民用智慧与勤劳创造了今日这颗塞外明珠的辉煌，让我们不禁更加憧憬它辉煌的未来！

评语：作者文学素养很高，素材信手拈来。由青城的历史文化底蕴引入，写了这座城的一年四季：春天如画，美不胜收；夏天若云，自由安逸；秋天诗情画意，雅致斑斓中带着深沉伟大；冬天纯洁质朴，透着温暖与希望……由写景状物到感悟历史与文化，无一不表达着作者对青城的浓浓深情。（点评老师：王乐）

指导老师：李黄龙

足　迹

呼和浩特市实验中学鼓楼校区初一（15）班　云柯萌

每逢假期，我总会离开热闹的城区，在阒静的郊外留下足迹，沉醉其间……

大青山——醉橘红

大青山脚下，低调了一个夏天的沙棘，在草木凋零的深秋，独自绽放花朵。它橘红的果实绚丽如花，从远处看，整片树林都像在火烧云中泡过一般，仿佛让猎猎秋风也温暖起来。

沙棘果略小于黄豆，扁圆晶莹，一颗一颗挤着挨着，一嘟噜一嘟噜地攒在枝条上。含上一颗，薄薄的皮儿一舔就破，果汁爆出来，起初的酸实在泼辣，奔腾在味蕾之间，让人禁不住把五官都抽搐在一起；而后，舌尖上竟有一丝清甜，果香浓郁。这白垩纪就已出现的沙棘，是否也曾把某只贪恋果香的恐龙酸得垂涎三尺呢？

眼前的这片沙棘，是大青山自然保护区建成后补种的，沙砾之上日益繁茂粗壮的植株，见证了青城人对大自然与日俱增的保护与尊重意识。

武川——醉金黄

武川温差大，降水少，对于很多植物而言，并非理想的扎根之地。然而，当特立独行的气候与莜麦相遇，便造就了这片神奇的土地丰收的精彩篇章。

秋风吹过，田里麦浪翻滚，满目流动的金黄，阵阵莜麦“沙沙”地喧闹起来，摇头晃脑，闹出一片丰收的喜悦。

收割机隆隆作响，缓缓向前，扬起点点麦壳，涌出粒粒碎金。看着车厢里的莜麦越堆越高，老农的笑意也越来越浓。

麦粒晒干后，就将开启一段奇妙的旅程：磨粉、包装、运输。在各家厨房里，不同的人，不同的手艺，赋予了莜麦新的生命。各样的形状，各样的汤料，究竟会被如何塑造，又将遇到怎样的同伴，在上桌前，莜面自己也不得而知。但是，同一主角、不同味道的背后，是青城人不变的对生活的热爱和创新，也是对大自然的赐予的感恩与珍惜。

托县——醉雄浑

坐在缆车上俯视大地，黄河——这条横跨东西的巨龙，卷着泥沙自天边无所顾忌地驰骋而来，又一路飞泻而去，有着“河流大野犹嫌束”的气势。两岸，有碧绿成片的葡萄园，有淡黄色的库布齐沙漠。于是，一边是温馨的农家氛围，另一边却是粗犷的戈壁风光，令人应接不暇。

黄河不仅润色了这里绮丽的风光，也赠予了丰富的物产。鲤鱼，餐桌上常见的淡水鱼，却因长时间在汹涌的河水中游动，有了紧实的肉质和清新微甜的味道；葡萄，虽是老品种，也因充足的浇灌和独特的土壤而酸甜多汁，令人垂涎。

母亲河流经托县，是青城的荣幸，我们享受黄河的馈赠，也在血脉中传承了黄河的性格——奔放、朴实、乐于奉献。

我醉此山、醉此水，我的足迹也将继续延伸，继续寻找青城繁华之中的静谧……

评语：三个小标题，展现了青城三个有代表性的地域。“醉橘红”“醉金黄”“醉雄浑”由色彩的变幻转为意境的渲染，别具匠心，让人耳目一新。全文多用长短句，句式灵活多变，情感抒发自然深沉。对景物的描摹十分细腻，足见作者观察细致，情感真挚。叠词、拟声词的运用更让读者有身临其境之感，画面感十足。（点评老师：王乐）

指导老师：李黄龙

绽开在记忆里的丁香

呼和浩特市实验中学初一（4）班　耿祺

有这样一群人，在任何时刻都会挺身而出；有这样一群人，在任何时刻都会争分夺秒；有这样一群人，在任何时刻都会助人为乐；有这样一群人，在任何时刻都会舍己为人……他们，是整天忙碌的外卖员，是盛开在青城记忆里的丁香。

清晨，青城睡眼惺忪之时，外卖员就奔走在青城的大街小巷。正午，他们依然坚守在工作岗位，顾不上吃饭。深夜，青城已经酣睡，他们才能卸下沉重的头盔，拖着一身的疲惫，进入梦乡，睡梦中的丁香随风摇曳。

一个普通的夏日，我走在放学的小路上，小路两边是一棵棵茂盛的丁香树，树上开满了美丽的丁香花。微风拂过，卷起地上飘落的丁香花瓣，花瓣像粉色的精灵一般在空中嬉戏玩耍。突然，一个路边的垃圾桶被一支未熄灭的烟头点燃了，火舌从底部慢慢地向上方爬去，浓烟像一张大网徐徐张开。路过的外卖员小哥们停下来向四周张望，发现不远处配有灭火器，他们飞奔而去，迅速拎起灭火器上下摇晃，拔下保险栓，从容不迫地来到火源上方，将出粉口对准火源根部进行灭火。火苗映衬下，他们的脸如同绽放的丁香一样。火焰很快熄灭了，他们静静地离开了现场，继续送外卖。

又是丁香盛开的季节，一位外卖员在接单的途中，发现了一个哭泣的小女孩坐在丁香树下。他停下车来，蹲下身去，满脸微笑地看着小女孩，一边柔声地安慰，一边轻轻地问："你为什么一个人坐在这里哭呀？"小女孩忐忑地看着他，一字一顿地说："我和我的妈妈走散了，我现在找不到她。"他对小女孩说："不要害怕，让叔叔带你去警察局吧。"小女孩看着他，感觉他的脸像风中摇曳盛开的丁香花。到了警察局，他们看到一位妇女正一边哭一边绝望地呐喊："我的孩子找不到了，求求你们帮帮我，求求你们了，求求你们了！"妇女猛然回头，看见了小女孩，便向她飞扑过去，蹲下身紧紧地搂住她，泣声道："是妈妈错了，妈妈以后一定会看好你。"她缓缓地站起身来，一边向外卖员鞠躬，一边说："谢谢，谢谢你！"看着团聚的母女，他脸上露出欣慰的笑容，深深地点点头，转身继续去工作了。

外卖员虽然是一个平凡的职业，但是为青城贡献了很多很多。青城就像是一片夜空，他们就像是嵌在夜空中璀璨的繁星，熠熠生辉。

平凡的工作肩负着不平凡的使命，也在创造着奇迹。一个人的力量固然很小，但只要有一颗为了他人奉献自己的余力、为了国家贡献自己的余光、为了人类牺牲自己的一切的心，就是一个精神上的巨人。青城因他们而更加灿烂夺目，他们——就是盛开在青城记忆里的丁香。

夜空中，群星璀璨；

青城里，丁香花开。

评语：作者用青城的市花丁香隐喻为青城奉献的外卖员。用外卖员救火、送小女孩去警察局的事情，生动地再现了他们平凡中显现的伟大。用小人物、小切口展现了青城人民的善良、责任和奉献精神。他们如同城市中的丁香花一样璀璨绽放，映照青城。平凡的人群，不凡的精神，文章写出了作者的价值追求。（点评老师：王乐）

指导老师：李黄龙

偏 爱

呼和浩特市实验中学鼓楼校区初一（10）班　樊书宇

一定要爱着点什么，恰似草木对光阴的钟情。

——汪曾祺《人间草木》

人潮汹涌，喧闹中享受这片刻的情趣，看风踩着地上的落叶，默默然垂着眼睑，吻过一棵不知名的树，扫起地上那一份偏爱。

走出校园，望着远处，落叶已别晚树。来到那条老巷，穿过松树与杨树的枝丫，暗香残留。见到有一位老人正在做一份飘香的辣焙子，我情不自禁地走过去。听那位老人和面的拍打声，擀杖的击案声，我抬头问："您手艺这么好，生意不错吧？"有序的声音漏了一拍，老人抬起头，脸上尽是疑惑，应是奇怪我这个陌生人无厘头的关心。他嘴皮动了动："人们吃得香，我也就高兴啦！"有些答非所问，我心中没来由地生出一丝怜悯，老人家谋生计真不容易。似乎看出了我的想法，又或许老人只是想找个人聊聊，他的脸上露出了令人意外的，孩童般的喜悦。他缓缓道："这做的虽是买卖，却是也在传承一份手艺。只是可惜啦，一把老骨头将这买卖做了七八年，找不到个能传下去的机会。"

我听出老人的声音因抑制不住的热爱而微微颤抖。我为之前肤浅的想法感到内疚。这位老人，或许现在该称他为手艺人，在这老巷里做手艺活，像是在做一件件艺术品，虔诚地完成整个制作过程。这份陪伴青城的美食被他当作一份情怀。又或许在许多不为我们所知的地方，青城的街头巷尾，也有这样的人、这样的情。他们默默无闻却坚守着一份同样的信仰，虽然岁月平淡无奇，但回首总有惊喜，自归绥老城到当今青城，美食传了下来，这情怀也应传下来，在过去、现在、将来。

这些手艺人也因这一份匠心，显得体面而又厚重。

"爷爷，我们又来看你做辣焙子啦，这次辣椒别放那么多，感觉吃了嗓子都要辣冒烟哩！"

嘻嘻哈哈的声音传来，巷子口跑来几个孩子。他们背着书包，显然是刚刚放学。几道身影宛若一道暖流，流进了老人心底，也流进了城市一隅，想来也会流进时间的波涛中，自此宕开浓墨重彩的一笔。看着老人略显蜡黄的脸上有了光泽，我心里油然而生一种喜悦。

岁月被惯性遗忘，却又恒久存在。暗香残留时，那年那月那人，总是会来。当记忆远去，老墙褪色，火车承载着这一份偏爱，一路颠簸，将驶向那明天，永不停滞。

评语：文章以散文化的笔触记叙了卖辣焙子的爷爷的几处细节，描写生动活泼，感情真挚，很有感染力。“偏爱”一语双关，既是说人们偏爱爷爷的辣焙子，又有爷爷偏爱手艺，坚守信仰，也有作者对青城一切记忆的偏爱。文章于真情之中饱含对家乡的热爱和眷恋，切入点十分新颖，读来使人感到既清新自然又意味隽永。（点评老师：王乐）

指导老师：李黄龙

阳 光

呼和浩特市实验中学鼓楼校区初一（9）班 温哲

每个人心中都有一缕阳光，对于我而言，清洁工人往往能够带给我温暖的阳光。

一个冬天的早晨，我从睡梦中醒来，来到了楼下。推开单元门，一股冷风扑面而来，吹得我直哆嗦。此时正是早晨六点，一天中最冷的时候，太阳还没有升起，温度只有零下二十三摄氏度。向前看去，路上、树上、草丛中都铺满了白皑皑的雪，空中一个个白色的小精灵翩翩起舞，让整个世界都变成了白色。

寒风呼呼地刮着，就像树枝一样打在了人的身上。这时，我看到了几个黑色的人影，仔细看去，原来是小区的清洁工人在铲雪。只见，他们抓紧铁铲，把雪铲起，然后吃力地抛向一旁的草丛中，就这样一点一点地铲着。他们的双耳被冻得通红，嘴里不断地呼出白色的雾气，眉毛上也结了一层薄薄的霜。他们身上全是雪，可依旧在一丝不苟地工作着。这时一个人走了过来，走在清洁工人们刚扫完雪的路上，走得十分安稳。再向小区外面看去，人们正十分艰难地走在雪上，有一个人更是脚一滑，摔倒在地上。我十分敬佩清洁工人，他们就像阳光一样，虽然默默无闻，却不断温暖着我们。

时间渐渐地过去，转眼就快到春节了。晚上十点钟，我走在回家的路上，看到小区里有灯光闪烁。我走上前仔细看去，原来是一根根细彩灯挂在灯柱之间，在有规律地闪烁着。它们在夜空中显得格外耀眼，仿佛在欢迎春节的到来，给人以温暖。走到单元门前，我又发现门的把手上多了一个红色的套子，让人们推拉门的时候手不那么凉，套子上面还写了“吉祥如意”四个金色的字。单元门的玻璃上则贴了一对剪纸。走进单元门，坐上电梯，电梯里之前有些烂了的蓝色垫子已经换成了一张崭新的黄色垫子，让人感到温暖、明亮。回到家中，向窗外望去，几天前铲雪的清洁工人此刻正在远处安装彩灯。我更加敬佩他们了，正是因为他们早出晚归，日日夜夜地默默奉献，我们的小区才会这样干净、整洁。

我相信，在那些像清洁工一样默默奉献、温暖他人的人的共同努力下，我们的青城一定会越来越好！

评语：小作者将写作视角定位在城市中默默无闻的清洁工身上，全文多用比喻的修辞手法，渲染出冬日清晨的寒冷，更在对比中突出清洁工人默默奉献的无私精神带给作者的温暖感受。结尾处，将视角荡开，升华

主题，呼吁更多的人来建设我们共同的家园。（点评老师：杨学丹）

指导老师：李黄龙

春风又绿故乡城

呼和浩特市实验中学初一（9）班　杨颜荣

呼和浩特坐落在祖国的西北，春风一吹，处处是绿意，处处是温暖。在这座和谐的城市中，人们像春风一样温暖着他人。也许正是因为有了这些人，春天才如此温暖；也许正是因为有了这些人，呼和浩特的春天才如此动人；也许正是因为有了这些人，青城才更加倾城！

青城春风——同学情谊

结束了无忧无虑的小学生活，我步入了梦想的初中。来自不同学校的同龄人组成了新的班集体。军训让我们从陌生到熟悉，团结互助，成为最亲的兄弟姐妹。军训期间，吃饭的时候我们总是几个人围坐在一张圆桌旁。分饭的时候，总有一位同学是那样热情。他第一个抢走碗，用勺子盛上满满的饭菜，再分给其他同学。狼吞虎咽吃完后，他又端着几个同学的饭碗放到厨房去。后来其他同学也开始向他学习，主动为别的同学服务，同学之间也更加友爱和睦。看到这些变化，那位同学的脸上荡漾起春风。

青城春风——援助之手

军训结束后，我们又参加了学校组织的运动会。那是一个又干又冷的冬日，天灰蒙蒙、阴沉沉的，路上狂风大作，行人大多换上了厚重的羽绒服。运动会结束后我却在人山人海中迷失了方向，找不到父母。那样冷的天气里，我冻得有点发抖，心里也有一丝焦急。看着旁边的陌生人，我鼓起勇气向他借手机。他犹豫地看了我一下，带着歉意说：“手机没电了。”这时，一个四十多岁的大叔却停下脚步，一边掏出手机，一边热情地说：“用我的吧！”他脸上洋溢着热情的笑容，眼里没有丝毫的犹豫。我们素昧平生，但他对我就像一个相处已久的长辈，那样热情，那样信任。我抬起头道了一声“谢谢”，他的脸上荡漾起了春风。那双援助之手，更使我如沐春风。

青城春风——人与自然

一学期结束，放假了，我每天都要去附近的公园跑步。清晨的公园里，空气清新，耳边还时不时有几声鸟啼。在这里跑步本是一件惬意的事，但偶尔有路人随手丢弃的垃圾映入我的眼帘，像刺一样扎眼，与周围和谐的环境格格不入。这时，我眼前多了一抹橘红——是一位环卫工人。他身上的衣服已经褪色，但很整洁。他饱经风霜的脸上布满皱纹，手掌被厚厚的老茧覆盖着，背有点驼，看起来是一位六十多岁的老人。他看着垃圾，皱起眉头，然后弯下腰，仔细地在地上寻找垃圾的踪迹，手里的扫把也没有停歇。一块口香糖扫不起来，他并不嫌脏，缓缓地蹲下去，吃力地把口香糖抠起来，用纸包好，扔进垃圾桶。他扫得是那样仔细，就像在打扫自己的家一样。突然，他停下了手里的工作，原来是一只翅膀受伤的小鸟摔到了地上。他把小鸟捧起来，然后撕下手上贴的创可贴，轻柔地贴在小鸟的翅膀上。他看看怀中的小鸟，又看看干净整洁的环境，脸上荡漾起春风。

在青城这座和谐的城市中，同学之间相互关怀，人们之间相互帮助，人与自然和谐相处，这样的和谐也是青城独一无二的魅力。青城的春天，阳光明媚，春风吹拂，处处是温暖，处处是绿意，带给人们无限美好。但谁又能说不是春风似的人们把春天唤醒的呢？

春风又绿故乡城，青城之人似春风。

评语：文章开篇连用排比，开门见山交代出写作主体是如春风般温暖的青城人。主体部分采用小标题的形式，重点写了热情的同学、热心的大叔、敬业的清洁工，结构清晰。结尾又对文章进行总结，首尾圆合，也

表达了小作者对家乡、对家乡人的热爱。（点评老师：杨学丹）

指导老师：李小露

比太阳更夺目的

呼和浩特市实验中学初一（8）班　陈司琦

太阳一定是世间最耀眼、最炽热、最珍贵、最夺目的吗？我认为不是，比太阳更耀眼、更炽热、更珍贵的应该是一个人纯洁善良的内心。那比太阳更夺目的呢？

比太阳更耀眼的

高高悬挂着的太阳发出的炙热光芒射向地面，让人不敢把手掏出衣兜，生怕被烈日灼伤。被烤化了的柏油路上，人们穿着清凉的夏装，呼啸的车流旁却正站着一个穿着厚重橘色制服的环卫工人。他凌晨四点就起床了，到现在，已连续工作了八个小时。

年迈的环卫工人吃力地弯下腰，用布满皱纹的手擦了擦额头上豆大的汗珠，然后捡起地上的烟头，放进垃圾袋中。眼前的道路，在金色阳光的照耀下，平整而洁净。老人看着自己辛勤工作的成果，满是皱纹的脸上绽放出一抹欣慰的笑容。他颤颤巍巍地站起身，身子却止不住地晃了晃。一旁的路人看见，连忙奔跑过来扶住老人，然后搀着他缓步进了一旁的青城驿站。喝了几口驿站中清甜的水，坐在长椅上，感受到周围凉爽舒适的环境，老人这才缓过来些，赶紧向一旁的小伙子道了谢。

长椅上坐着的环卫工人，感受到了素不相识的路人比太阳还耀眼的内心。

比太阳更炽热的

此时，青城驿站外，十字路口中间，他顶着毒辣的太阳站在交通岗台上，目不转睛地盯着眼前川流不息的车辆。他早上七点多就从家里出发赶往工作的路口，来不及吃口饭，就赶紧换上制服，在八点钟踏上了工作岗位。到现在，他已连续工作了四个小时。

他的身上像刚被水冲洗过一样，沉重的外衣箍得他快要连手都抬不起来，衣服紧紧贴在身上，有千斤重一般。汗水打湿了帽子，使得他的头发粘在一起，紧贴着头皮。他还是抬起了两条手臂，向眼前的车辆比画着“停下”的手势。他早已感觉到了身上的疲乏，但注视着街上颇有秩序的车辆，他心中的自豪感油然而生。

不远处，一个年轻的妈妈正向孩子说着：“我们把这瓶水给交警叔叔送去好不好？”“好呀！”妈妈牵着孩子的手，看了看绿色的信号灯，抬起脚穿过了马路。“叔叔，这瓶水给你！”他低下头，一直紧绷着的神经终于放松了些。他轻轻接过孩子手里的水，漾起一抹灿烂的微笑，让人看着心里就暖洋洋的。他又向母子二人轻声道了声谢。

“叔叔，你好辛苦呀！我长大了，也要当警察，保护妈妈！”孩子仰起头说道。“好呀，叔叔等着你和叔叔一起，好不好？”“好！”

阳光下的三个人，都感受到了彼此比太阳更加炽热、更加温暖的内心。

比太阳更珍贵的

日落西山，暮色四合，夜的帷幕已悄然拉开。

晚上九点钟了，大人们结束了一天的辛勤工作，孩子们完成了一天的勤奋学习。温馨的晚餐过后，大手牵着小手，大人带着孩子来到广场上散步。舒缓的音乐响起，喷泉喷向空中，仿佛要冲入云霄，美轮美奂。孩子们的欢声笑语在广场上空盘旋，久久不散。

一个小女孩穿着碎花裙，头上两根可爱的麻花辫摇晃着，轻巧的步伐和清脆的笑声让她越发讨人喜欢。小女孩一蹦一跳地来到了一个卖气球的摊位前，两只大眼睛里突然又多了几分光亮，看得出，她很喜欢这些气球。她的妈妈也看出来了。“您好，我要一个气球，谢谢。”老奶奶点点头，挑了一个最漂亮的气球递给了小女孩。“谢谢奶奶！”小女孩稚嫩的声音响起，奶奶眼里止不住地流露出对她的喜爱，脸上的皱纹与忧愁一下子消散了许多。小女孩拿着气球跑开，找到其他小朋友一起玩耍。孩子们的欢快笑声在广场响起。大人们看着可爱的孩子，仿佛自己也回到了当初那个天真烂漫的时代。

一会儿，小女孩的手不小心松开了气球。孩子们抬起头，注视着这个调皮的气球越飞越高，先飞过了广场上高高的灯柱，又绕过了一旁鳞次栉比的大厦，一直飞啊飞啊，渐渐地消失在大家的视线中。孩子们都拍着手跳了起来："它肯定是飞上天空和星星月亮玩去了！"

广场上的众人，都看到了孩子们比太阳还珍贵的童真的内心。

每个青城人都像是散落在宇宙中小小的会发光的尘埃。它们的光亮微弱极了，在浩瀚宇宙中是绝对不会被注意到的存在，看似好很渺小。但宇宙之所以璀璨迷人，正是因为它包含了无数这样尽力发光的微小尘埃。中华五千年积淀，最终成就了如今的强盛，其中必然离不开的是无数华夏儿女不忘初心、牢记使命的坚守。而我们的家乡——青城这些年的飞速发展，又离得开哪个青城人的努力？正是千千万万个青城人汇聚起来，用他们纯洁善良的内心、辛勤劳动的双手、脚踏实地的行动，铸成了如今比太阳更夺目的青城！

太阳一定是世间最耀眼、最炽热、最珍贵、最夺目的吗？我认为不是，比太阳更耀眼、更炽热、更珍贵的应该是一个人纯洁善良的内心。而比太阳更夺目的，自然是许许多多这样的人用这样的心铸就的青城！

评语：文章开门见山，首段即亮明自己的观点，“纯洁善良的内心比太阳更耀眼、更炽热、更珍贵”。文章主体部分采用小标题的形式分别详细阐述小作者细腻视角下的平凡人的善良内心，真挚动人。结尾处升华主题，美好家乡的飞速发展离不开每一个善良的青城人的努力。整篇文章叙述流畅，笔墨动人。（点评老师：杨学丹）

指导老师：李小露

舌尖上的乡情

呼和浩特市实验中学初一（8）班　周昊德

对每一个在外的游子来说，故乡总有一些事让他们难忘，也总有一种味道在他们的心头久久挥之不去。

清晨，天刚蒙蒙亮，城市还在熟睡，但一些零星的灯火却已为勤劳的人们亮起。在呼和浩特，随处可见各式各样早早开门的早点铺。推开一扇店门，走进去，迎面扑来带着香气的热风。要上一壶热腾腾的奶茶，大口大口地喝下去，醇厚的味道伴着丝滑的口感，从口腔直入腹中。顿时，全身每一个细胞都热乎起来了，如同妈妈温暖的双手轻轻抚过脸颊，一种浓浓的幸福感从心底里升腾起来。或是来碗羊杂汤，入口咸香微辣，回味无穷，挑一筷杂碎，鲜美有嚼劲，解馋又过瘾，如果就上刚刚烤好、酥脆可口的焙子，一口接一口，一大碗杂碎很快便能见底。这充满能量的呼和浩特美食，让早起的人们精神抖擞地开启新的一天。

中午，一碗碗莜面、一笼笼烧卖，如有魔力般吸引着人们。热气腾腾的羊肉汤香气诱人，汤上漂着晶莹的油花；莜面刚刚蒸好，散发着淡淡清香。把面泡进汤里，让面充分吸收汤汁，然后迅速送入口中，感受那莜麦的清香与羊肉的鲜美奇妙结合后迸发出的极致美味。面清新爽口，汤浓厚香醇，这样的组合让食客大汗淋漓，无比畅快，这是呼和浩特表达热情的独有方式。而那小巧玲珑的烧卖如同一个个精美的锦囊，轻轻咬破烧卖皮，浓郁的香气随汤汁涌入口中，而后充满鼻腔。咬一口馅儿，羊肉做的馅儿口感紧致有弹性，味道浓香不腥膻，搭配上葱姜提鲜，味道提升好几个层次。这色香味俱全的午餐，带着从千百年前传来的朴实却又暖心的关怀。

夜晚，随意找一家烧烤店坐下，要上几串羊肉串，不多时，吱吱冒油、香喷喷的羊肉串便烤好了。咬一口瘦肉，醇香的肉汁与孜然一并入嘴，美味至极；咬一口肥肉，在它焦脆的外皮破裂时，口中便充满了油而不腻的香味，回味无穷，让你仿佛置身草原，与热情好客的游牧民族一起豪放地享用这草原的馈赠，积累了一天的疲倦也烟消云散。

这一天天的味觉体验塑造了我对呼市的印象，这深刻而鲜活的印象在我脑中，在我舌尖，在我心上，让我难以忘怀。

评语：在小作者笔下，舌尖上的家乡美食蕴含着浓浓的乡情，无论是早上“热腾腾的奶茶”“咸香微辣”的羊杂汤，中午“香气诱人的莜面、烧卖”，还是夜晚“香喷喷的羊肉串”，作者细腻生动的描写，都让读者

垂涎欲滴，难以忘怀。（点评老师：杨学丹）

指导老师：李小露

万物之变

呼和浩特市实验中学初一（10）班　张诚

我的家乡名为青城，伴随着时间的不断流逝，青城也发生了翻天覆地的变化。在这般变化之下，青城更美了。

小时候，我去公园玩，公园里小河污水横流，人行道坑坑洼洼，两边的广告牌歪斜，路边的水果摊贩将垃圾扔得遍地都是。当腐烂的水果与各色垃圾一起发酵，空气中便弥漫着一股恶臭，路过的人都皱着眉头，捂着口鼻快速通过。但现在，一切都变了。

当我踏入公园的第一步起，我可以感受到安静与祥和。我慢慢走在蓝天白云下红白相间的砖铺的小道上，呼吸着清新的空气，看着过道两旁的青山绿水，悠然自得。在垂柳边，时不时还有微风轻拂，吹过柳絮间，白色的绒毛在空中飞舞。风刮过我的脸颊，抚摸着我的脸，使我十分愉悦，心情舒畅。上了小桥，眺望湖面，那碧绿而清澈的湖水随着风微微荡漾，让我的心静了下来。没走几步，我就能看到一处垃圾分类点，上面“垃圾要回家，请你帮助它”的标语映入眼帘。乱丢垃圾的人越来越少了，大家都开始有意识地爱护我们的家园。当我站在高处，细细观赏这番美景时，再回首望去，不禁感慨：环境的变化使这座公园有了一番新的韵味。我在公园度过了一个身心愉悦的下午，环境的变化使我看到了青城的可爱与美丽之处。

散着步，我又想到了各种草原特色美食。在我父母的记忆中，以前特色美食没有那么多，质量也比较低下，味道一般，不能带给我们特别的美食体验。但现在，特色食品日益增多，食品质量也在不断提升。在这些特色美食中，最令我垂涎三尺的是浓香可口的羊肉烧卖。它的形状像石榴，外表洁白晶莹，馅多皮薄，色香味俱全。现在青城的美食越来越丰富了，青城也跟着在变，成了“舌尖上的大美青城”。

随着时代的发展，青城也变得那么美丽、那么充满活力。我坐在星空下，欣赏着这座灯光华丽的城。

评语：小作者着眼于家乡，从景物与食物的变化体现城市的变迁，重点突出，详略得当。作品不是单纯描写现在的生活，而是将过去与现在进行对比，让读者能够更真切地感受到城市的变化。其中对景物的描绘，有分有总，有远有近，有俯有仰，有动有静，各种角度有机结合，使得园中之景生动丰富，如在目前。对羊肉烧

卖的描写也抓住了食物的特点，让人读来有垂涎三尺之感。（点评老师：阿拉腾哈斯）

指导老师：李小露

呼市，有一抹粉艳

呼和浩特市实验中学初一（4）班　温家和

在人世间总存在着各种各样的烦恼，让人无法回避。但呼和浩特，却有那么一抹粉艳，似乎可以让我们超脱尘世，忘却一切不美好的事物。

在这个远离城市喧嚣的地方，不仅有生长着三百岁菩提树的著名召庙，还有漫山遍野的杏树。这座著名的召庙就是乌素图召，这是这一带几座小召庙的统称。而给这里带来盛誉的还有一片片杏花林。

乌素图召的杏花在全内蒙古都很有名气。杏花开得早，即使是在“千里冰封，万里雪飘”的北方，它也是报春的使者。每逢春天，这里便成了花的海洋。盛开的杏花有五片花瓣，它的花瓣呈圆形，粉白色的花瓣中间伸出许多触手状的花蕊，花蕊的样子好像一根根金针菇，可爱极了。杏花朵朵，争奇斗艳，让人们在祖国的北方也能体验到“小楼一夜听春雨，深巷明朝卖杏花”的静谧恬淡。透过花香，你仿佛看到了秋天时的累累硕果。

花香景美，引得各地游客蜂拥而至，他们有的用相机定格精彩，有的用画笔记录美好，有的带着亲朋好友观赏游玩，有的穿着唐装汉服闲庭信步……这里倒更像电影里的仙境了。请你闭上眼想一下，一个地方，有山有庙，有花有风，就算这里的花不是人们常说的“人面桃花相映红”的桃花，也不是“花开时节动京城”的牡丹。但比起仙境，这又能差几分呢？况且，这片“杏花村”已经是整个青城少有的粉艳了。

其实，我并没有真正来到过这里多少次，其中有几次还是赶往别处时被这里杏花的美所吸引，便在此处稍作停留。但是你想，当我们人在旅途，能看到这样灿灿艳艳的满山杏花，这又何尝不是一种美好，一种旅途劳顿中的放松呢？

每每徜徉杏花林中，我都会想起民国才女林徽因的诗：“你是一树一树的花开，是燕在梁间呢喃——你是爱，是暖，是希望，你是人间的四月天！”

我不知道，除我之外，还会有多少人会记住这片美景。但我相信，此刻一定有许多人正陶醉于此，得到了放松，甚至重拾了希望，正视生活。就是那一抹粉艳，送来了春风，点缀了青城，洗涤了心灵。

评语：作文以“一抹粉艳”开头，别出心裁，引发读者思考：“粉艳”到底是什么？主体部分文采出众，多处引用古今诗词，增强了作品的文化气质，可以看出小作者有较高的阅读积累。另外，虽是描写杏花，但不止于杏花，笔触还涉及了“三百岁菩提树”“乌素图召”等，使得作品于“景”见“史”，富有深度。结尾与开头相呼应，再次突出杏花使人精神愉悦的特点，结构完整。（点评老师：阿拉腾哈斯）

指导老师：李小露

印象·青城

呼和浩特市实验中学初一（1）班　孙彬

“敕勒川，阴山下。天似穹庐，笼盖四野。天苍苍，野茫茫，风吹草低见牛羊。”这是内蒙古大草原最真实的写照。我的家乡呼和浩特就坐落在这里，她像一颗璀璨的明珠，点亮了整片草原。呼和浩特，蒙古语意为青色的城。它坐落在大青山脚下，城墙采用青砖筑成，城内有丰富的植被，整座城远远望去泛着苍翠的青色，从而被称为青城。

呼和浩特是一座具有两千三百多年建城历史的塞外名城，是一座历史与现代完美融合的大美城市。她历经沧桑，才有了今天的成就，一座座高楼拔地而起，飞机、高速列车、各类机动车带给人们交通上的便利。文物古迹更是数不胜数，昭君墓、大召寺、将军衙署等，无不见证着她的历史。

每当清晨时分，夜还未消尽，车辆便开始穿梭在城市的各个角落。第一缕阳光点亮了城市，旭日露出的小小一部分，辉映着朝霞，光芒四射，使人不敢直视。不一会儿，红日冉冉升起，光照云海，灿若锦绣，好似一幅绝美的油彩画。

白日里更是晴空万里，瓦蓝瓦蓝的天空中飘着朵朵白云。这些白云有的连在一起，有的重叠着，就像岛屿礁石上怒放的海石花。蓝天白云映衬下的青城，处处都透露着和谐与独一无二。

勤劳朴实的青城人民世代生活在这里，他们靠自己的双手创造着幸福的生活。俗话说，民以食为天。这里更是“吃货”的天堂。每当早晨，忙碌的人们走过大街、穿过小巷，只为买上一个热乎乎的焙子。焙子外皮金黄酥脆，里面松软香甜，它具有独特的青城风味。烧卖也称稍美，它是青城人气颇高的美食之一。刚刚出笼的烧卖热气腾腾，香气四溢。它薄薄的皮、丰满的馅，咬上一口，幸福感油然而生，配上一壶清茶，开启精神抖擞的一天。

中午的美食更是数不胜数。“金杯、银杯斟满酒，双手举过头；炒米、奶茶、手扒肉，请你吃个够。”这首祝酒歌，不仅对蒙古族饮食文化做了精确的概括，也是对内蒙古人热情好客的最好的诠释。烤全羊、涮羊肉、烤羊腿、马奶酒、奶皮子、奶酪、莜面……不说了，口水已经止不住了！

忙碌的一天转眼结束，天色渐渐变为青黛。夜幕降临，大街上的灯渐渐地亮了起来，红的、绿的、黄的，五彩缤纷，把青城点缀得美丽极了。一盏盏灯火，远远望去，犹如天女撒下的朵朵金花，又似满天繁星，闪耀着璀璨的光芒。行人来来往往，熙熙攘攘。大多数人在逛商铺，有的在悠闲散步，到处都是欢声笑语、喜气洋洋的景象。

楼下的小巷里，随处可见已备好炉火的烧烤摊。约上三五好友，点上各类烤串，配上青城产的大窑嘉宾，这是最清新脱俗的雅调，也是平凡热辣的市井人生，有着浓浓的烟火气息。美味的羊肉串，色泽酱红，微辣中透出鲜香，不腻不膻，外焦里嫩，别具风味，是青城人民的最爱。

夜深了，青城的灯光像远飞的萤火虫，越来越昏暗，整个城市像笼罩在梦幻中。呼和浩特，这座古老的城市，现在熟睡了。她安静地躺在如意河的怀抱里，像银色河床中的一朵睡莲。

在我看来，青城的一切都是那么美不胜收，却又那么的平凡朴实，极具生活气息。这浓郁的民族风情、市井气息令我沉醉其中。

青城，这座古老而又现代化的城市，这座极具民族特色的城市，这座充满诗情画意的城市，我爱这里！

评语：文章以北朝民歌《敕勒歌》开头，富有新意的同时让读者迅速置身“文境”。小作者巧妙地从一天中的不同节点表现呼和浩特市的自然景物与社会风情，巧妙精当。在写作过程中，多用比喻，“璀璨的明珠”“灿若锦绣，好似一幅绝美的油彩画”“远飞的萤火虫”等句，不落俗套，展现出小作者不俗的文字功底。句式富有变化，长短交错，使得整个文章如和谐的变奏曲，美不胜收。（点评老师：阿拉腾哈斯）

指导老师：王博雅

十年后的青城

呼和浩特市实验中学东河校区小学部四年级（4）班　陈熙尧

滴答滴答，滴滴答答……窗外雨滴从天空散落下来。我正坐在书桌前看自己喜欢的书，突然一道闪电破天而过，我吓了一跳，浑身一打战，就晕了过去……

当我再一次睁开眼时，发现世界整个变了样，街道高楼林立，密密麻麻的汽车在天空中自由自在地飞着，好像轻灵的大鸟。大街上到处都是来去匆匆的机器人，他们有高有低，有大有小，个性多元。我不敢相信，瞪大了眼睛仔细地观察着这个陌生的世界，这才发现宽阔的街道上，除了机器人，一个人也没有。就在这时，一辆变形出租车快速地冲过来，在距离我一米多的地方停下，车上下来一个高个子姐姐。这下终于看到人了！我快速跑过去和姐姐打了个招呼。

姐姐看了看我，看到我的着装像是看见怪人一样。一番交谈后我才知道，原来这是十年后的青城。她告诉我，这里很安全，我可以放心地参观。

这里完全变了样子。我向最近的一个小区跑去，刚到门口就被机器人保安拦住了。他态度十分生硬地警告我快点离开，还叫来了他的同伴。这时，一位老奶奶过来了，机器人保安立刻换了种语气对她说："欢迎光临，请进！"我听了不由得感叹道，变脸真快。老奶奶替我解了围，她说："不要欺负小姑娘啦，她可能是来自十年前的人。"

原来，我是那个尚未在未来世界里登记注册身份信息的人。在老奶奶的帮助下，我很快注册好了身份信息。

在小区简单参观后，我又想去学校看看。到学校大门口以后，我想和司机道谢，抬头一看，驾驶座上竟然没有人，原来出租车是自动驾驶。等我下了车，出租车变成了一把椅子，停留在马路旁供人休息，有人召唤时它才会继续变为出租车。走到学校门口，正逢校庆，校园里人山人海，好不热闹。除了机器人，学校里还有很多学生和老师。我看到一名老师正在给大家介绍他们的学校。学校共分为四个部分，分别是生态区、阅览区、教学楼和科技区。每栋楼都是用生态科技打造的，确保师生的安全和健康。教室里没有黑板，上课全靠新的方式：通过传感器把每一课内容传入学生的大脑中，这样既方便又容易被记牢，更让每一个学生接受。

除了参观学校，我还参观了十年后的家乡美景、家乡交通、家乡的医疗科技……这些令人叹为观止的未来画面，让我充满了无限的遐想。

一路上，我看看这儿看看那儿。正当我看得兴趣正浓时，不小心按了一个机器人的按钮，原来，那是我回到现实的穿越器。

我按下去之后，马上又回到了书桌前。

从未来世界回来，我一阵后悔：未来的世界真神奇，要是我没有乱按那个按钮该多好呀！

正想着，我才发现，天空中的乌云已经烟消云散，太阳出来了……

评语：想象力是写未来世界的最好利器，也是写任何文章的基点。小作者在这方面天马行空，为我们展现了未来世界有趣而独特的一面，我们也跟着小作者学到了很多科幻知识，见识了未来世界的魅力。作文布局合理，想象新颖，行文妙笔生花，这是一篇上乘之作，望继续努力。（点评老师：左右）

指导老师：李黄龙

我的邻居

呼和浩特市阳光小学六年级（1）班　刘奕伶

我们一家搬到这个小区时，对面的邻居就已经在这里了。前段时间上学的时候，我发现我的邻居原来那么爱美，好多次出门遇到她，她就算出门扔垃圾都要化妆。她永远那么迷人、美若天仙，无时无刻不在追求美。

星期六的早上，我邀请邻居家的女儿和我一起出去玩。我早上起来洗了下脸，吃了口饭，就在楼道里开始等她了。我足足等了一个小时才看到她穿着裙子慢慢走过来，走近了才看到她精致的素颜妆。果然有什么样的妈妈就有什么样的女儿——领居家的女儿也很爱美。当我找东西的时候，不小心看见了她的挎包，她的包里装了很多化妆品。看着我吃惊的表情，她却轻描淡写地说："包里的化妆品只是我日常使用的一部分。"我惊讶地张大了嘴巴，大到几乎都可以吃掉一头大象。我心中感叹：爱美，或许是一种生活态度吧。

还有一次，妈妈说带我和邻居一起去游泳。我心想：这回总能看到这对母女没化妆的样子了吧？结果这回不光是她，她的女儿也化了全妆。我当场呆住了，怎么会有人游泳也化妆呢？这次，我和妈妈又等了她们好久。游完泳、洗完澡，她们就去化妆间化妆了。为了欣赏她们对生活的态度，我和妈妈一直等到她们从化妆间出来。

再有一次，我去小区里取快递，看到前面有一个美丽、年轻的姐姐，转身时也没认出那人是谁。直到她开口对我说话，我才发现这是我的邻居——那个擅长打扮的阿姨。

我从来没有见过这么爱美的人，我看到她的妆容就没有重复过，有时温柔，有时成熟，都一样好看。

我的邻居特别爱美，有的人说她不顾家，有的人说她太张扬，天天打扮。但我想说人不要被定义，因为每个人都有追求美的权利。

这就是我的邻居。你们的邻居又是什么样的呢？

评语：向我们展现了一个爱美、爱生活的邻居形象，也向我们展现了爱观察、爱思考的作者形象。一篇佳作，在写与思之间让读者收获颇丰。（点评老师：左右）

指导老师：李黄龙

我的邻居

呼和浩特市实验中学东河校区小学部六年级（2）班　张艺凡

我的邻居是一个十分乐于助人、性格开朗的人，每次我需要帮助的时候，她总是第一时间出现。

一个风和日丽的早晨，妈妈和爸爸出门了，只有我和妹妹在家。妈妈和爸爸出去不久，妹妹便大声地对我喊道："我饿了！我饿了……"这可怎么办？为安全起见，爸爸妈妈出门前可交代了我不要做饭的啊。我左思右想了好一会儿，决定去找我们的邻居单阿姨帮忙。我原本以为单阿姨不会同意，没想到她十分欢迎我们做客。她下厨给妹妹做了一顿饭。妹妹吃完后，单阿姨说以后有什么困难都可以去找她，妹妹和我谢过阿姨后就回家了。

秋天来了，大地上铺满了金黄色的落叶，期末考试也开始一步步地向我走来。我的心理负担越来越重，导致几次语文小测试都没有考好。我的心就像被泼了一盆凉水一般。就在我一筹莫展的时候，单阿姨看出了我的心思。她来到我家对我妈妈说："不要着急，我是小学的语文老师，让我给她补补课吧。"妈妈一口答应了。接下来的几天，单阿姨每天都给我辅导作业，复习老师讲的知识点，我的成绩也渐渐提升。期末考试时，我的语文考了九十七分。妈妈拿着礼物去感谢单阿姨，单阿姨却说："我不能收，老师的责任就是帮助孩子取得一个好成绩，我这是完成自己给自己的任务。"

单阿姨还是一个很幽默的人。星期天，我和单阿姨的孩子小红一起来到了游乐园。小红不小心摔倒了，单阿姨没有批评小红，反而安慰道："没关系，看地上的那块石头，一定是山爷爷扔下来的……"原本哭泣的小红想了想，笑了起来。

这就是我的邻居单阿姨，一个让我敬佩、值得我学习的邻居。

评语：细节生动，构思完整，一个乐于助人的语文教师形象跃然纸上，一个热心肠的邻居，令人肃然起敬。（点评老师：左右）

指导老师：李黄龙

我最熟悉的人

呼和浩特市绿地小学六年级（6）班　付婧涵

在这一生中，我们会遇到形形色色的人，我会把他们分成两类：熟悉和陌生。熟悉的人当中，我最想提及的人就是我的妈妈。

我的妈妈长得并不出众，但在我的心里，她比任何人都美。她的脸上总是挂着笑容，一头棕色的短发让她显得十分年轻。她喜欢鲜艳的色彩，喜欢年轻人摆弄的那些小东西，也喜欢时不时地在生活中制造一些小惊喜。

一个阳光明媚的下午，我放学回到家时，妈妈兴奋地迎了过来，从背后神神秘秘地拿出一个大盒子。“当当！你喜欢很久的那套盲盒，我给你买回来了，怎么样？喜不喜欢？要不要现在就打开？”妈妈像连珠炮一样，一下子问了这么多，我都不知道怎么回答。但不得不说那个下午我真的开心极了，都不知道该怎么表达自己的心情了。这就是我的妈妈，一个爱制造惊喜的妈妈。

我的妈妈不只是爱制造惊喜，她的心态也让我感到佩服。

有一次爸爸妈妈带我和妹妹一起去游乐园玩，走到海盗船跟前的时候，妈妈停了下来，她感觉那个很好玩，就想和我一起试一试。可我却因为害怕拒绝了妈妈。她便一个人跑去排队，说："好吧，那我就去试试咯！"最后尽管怕得不行，她还硬说好玩。

没多会儿，因为下雨，游乐园提早闭园了。我和妹妹都很沮丧，可妈妈却和我们的想法截然不同："没关系，现在我们就有更多时间去享受美食了呀！"听妈妈这样说，我们都感觉她说得有道理。这就是我的妈妈，一个爱冒险却又乐观的妈妈。

我爱我的妈妈，一个我最熟悉也是最爱的人，一个喜欢制造惊喜又乐观的"小姑娘"。

评语：写熟人，最怕写虚，但这篇文章却写得真挚感人，真情饱满，情节细腻。一篇佳作，拍案推荐。（点评老师：左右）

指导老师：李黄龙

长大后，我就成了你

呼和浩特市实验中学东河校区小学部六年级（4）班　李昀泽

长大后，我成了我最讨厌的人……

“你是猪吗？这么简单的题你都不会！”只见妈妈额上直冒汗，太阳穴周围青筋暴起。注视着眼前这个如老虎般的女人，我的思绪激荡。

“妈妈，妈！快看我画的画！”妹妹举着她的画，在妈妈周围踱步。“哎呀，你烦不烦！没看见我在打电话吗？有没有点眼力见？”妈妈不耐烦地瞪了一眼妹妹，转身走进房间关上了门。只见家里一片寂静，妹妹失落地走到学习桌前小声地嘀咕：“我画得不好吗？”看着那个只有四岁的瘦瘦的小女孩失落的样子，我恨极了妈妈。

“喂，请问是娜娜的母亲吗？”电话一头道。“是的是的，请问你是……”满头白发的姥姥慌张地回答，那神情仿佛在说：我女儿千万别出什么事啊！“您好，我是娜娜的同事，她喝多了，麻烦您来接一下她，我们在某某酒店。”“好的好的！”姥姥边说边穿起外套。一会儿门铃响了，打开门看到年迈的姥姥搀扶着摇摇晃晃的妈妈时，我不禁思绪激荡。

……

我好讨厌我的妈妈！

多年后，我也走向了社会，我想我肯定不会因为孩子不会做题而对他大吼大叫，肯定不会因为工作电话而疏远孩子，肯定不会因为合同而喝多让年迈的父母来接……

可事实却狠狠地打了我的脸……

一天黄昏，一个塑料袋在空中飞舞的黄昏，儿子壮壮来找我问问题，是一道两位数乘两位数的乘法题。我很纳闷，这还需要讲吗？多简单啊！在给他讲了一遍后，他依然不明白，还嫌我讲得太快。当时我心中的怒火早已不是芭蕉扇就能熄灭的了。我火冒三丈，把壮壮给说教了一顿。他很委屈，我也很纳闷，这有什么可委屈的呢？可心中总有种奇怪的感觉。

又是一天，天空灰蒙蒙的。壮壮拿着一个手工做的小灯笼来到我的身边，此时的我正在向领导汇报工作。壮壮开口："妈妈，你看，快过年了，我做了一个小灯笼，怎么样，很漂亮吧？你帮我把它挂在门上，怎么样？"我没搭理他，径直走进我的房间，把门反锁上了。

过了一会儿，只听外面传出"啊"的一声。我没当回事，继续做着手上的表格，紧接着哭声传进了房间。我急忙走出去，发现壮壮摔倒在门口。我问他："你到底要干吗？"他委屈地说："我只是想把小灯笼挂在门上。妈妈不帮我，我只好自己挂了，没想到一不小心从椅子上摔下来了。"我看着他那红红的眼眶，心疼了……

晚上我在床上翻来覆去，怎么也睡不着，总有一种想去收拾一下屋子的感觉。我心想：反正好久没收拾了，那就打扫一下吧。于是我开始忙了起来。

“咔嗒”，门锁的声音，丈夫回来了。他无奈地看着我：“你又要做什么呀？”没等我回答，他就说要去睡觉了。我无奈地摇了摇头，继续打扫起来。

突然，我在角落里发现一个箱子，里面是我儿时的书和日记。我从里面拿出日记本翻开，映入眼帘的是：妈妈又因为作业骂我了……

凌晨，我收拾好了一切，拿着那本日记回到房间，打开台灯读了起来，读着读着不禁流下眼泪……

我在日记本的最后一页写下：“林花谢了春红，太匆匆。长大后我就成了你。”

评语：这是一篇穿越到未来的想象作文，小作者善于换位思考，善于从细微的感受中总结出做妈妈的困难和做孩子的不易。一篇值得所有家长反思的好文，深度推荐。（点评老师：左右）

指导老师：李黄龙

我最熟悉的人

呼和浩特市东风路小学六年级（1）班　侯可欣

眼前这个白白的，瘦瘦的，眼睛水汪汪的，鼻子挺挺的，长相可爱的女孩是我的好朋友，也是我最熟悉的人——香香。她哪儿都好，就是有个大缺点，爱磨蹭。

一个晴空万里、阳光明媚的早晨，我和香香一起走在上学的小路上，距离上课还有半个小时，所以我们都不着急。正好老师让买涂卡铅笔，我和香香就一起去文具店买。看着面前各式各样的铅笔，我眼都花了。稍作思考后我挑了一支相对喜欢又便宜的铅笔，又去买了几支黑笔。直到这个时候，香香还在挑，拿起一支放下一支，还问我哪支好看。这时我看了眼表，时间还早，便细心地帮她选了一支，然后就到外面去等她。

没承想她挑了好久也没挑好。我又看了一眼表，还有十分钟上课。现在我还保持着耐心，进店问她挑完了没有。她是这样说的：“哎呀，马上。挑笔得细致。”没办法，我又等了好久，看了一眼表，还有五分钟上课。

我冲进文具店，此时我的耐心全无，大声地问道：“大哥，你挑完了没有？马上就要上课了！”香香仍然慢慢的缓缓的，像一只小乌龟一样。这时，我爆发了，像狮子一样大吼：“别挑了，要迟到了啊！”我拽着她就要走，她一把甩开我的手说：“哎呀，别急，我还没给钱呢！”说完，她又慢慢地找着钱包。受不了，真受不了，世界上怎么会有这么磨蹭的人啊？我看了一眼手表，还有两分钟就要上课了。我一把拉起她向学校飞奔而去，其间好几次她都想甩开我，但我就是不撒手。

到了教室门口，我俩正好赶上时间。我气喘吁吁地对她说：“你看，多亏有我，否则你就惨了！”香香一脸无奈地说：“至于这么跑吗？我差点被你甩飞出去。”随后慢悠悠地走进教室里，慢慢地坐在座位上。要不是看她瘦得像纸片一样，我肯定给她一下子……我都不敢想象她和家人在一起，她的家人有多煎熬。

这么个长相可爱、性格活泼的女孩，别人总以为我和她在一起很快乐，可又有谁知道我对她的无奈呢！

评语：书写身边熟悉的人，写出了真情，也写出了真爱，写出了一个可爱、活泼、爱磨蹭的好朋友形象。这样纯真的友谊，或许会让所有人都羡慕吧。（点评老师：左右）

指导老师：李黄龙

熟悉的人

呼和浩特市实验中学东河校区小学部六年级（4）班　杨子墨

我熟悉的人是他，虽然我不知道他叫什么，但自从那件事发生以后我改变了对他的看法。

我住的小区楼下有一个修锁的小摊，老板是一个老头，他将近六十岁，脸部皱纹交错，身上穿着一件脏外套，那两只干枯的手常常沾着修锁的油污。

我每天上学都要经过那个修锁摊，每每经过时，那个老头都会和我说：“丫头，上学去呀？”我心里一阵反感：什么丫头，我又不认识你，你为什么要和我打招呼？我只好加快脚步向学校走去。

每次到了修锁摊附近，我都要加快脚步，心里祈祷着那老头别看见我。可每次他都会向我打招呼，要么叫我丫头，要么叫我妞，这种称呼让我非常不舒服。

过了几个月，我们就要搬家了。不巧家里的锁坏了，因为楼下那个修锁摊价格便宜，还修得又快又好，爸爸便让那老头替我们换锁。那老头上了楼，手中提着一个工具箱，二话不说便开始换锁，一边换还一边说：“小孩儿，要搬家了吗？”我心里一阵反感，怎么又叫我小孩？奈何爸爸妈妈在身边，我只好板着脸，毫无表情地说：“嗯。”老头点点头，又拿起螺丝钉认真地换了起来，头上还冒出几粒汗珠。

换完锁后，爸爸妈妈让我下楼去结账。我下了楼跑向修锁摊，问他一共多少钱。那老头笑着说：“一共二十元。”我心里想：这么便宜呀，谁知道换得好不好呢？我付了钱，转身就要走，偶然间我看了一眼收费表，我付的钱整整差了几十元。我心猛地一颤，喊：“爷爷，您……”“没什么大不了的，记得在学校要好好学习哦！”他说完又转身忙开了。

我忽然觉得那个老头身材那么高大，而我这么渺小。虽然我搬走了，但我一直记得他：那个每次主动跟我打招呼的修锁老头。

评语：写陌生人往往是最难写的，但小作者在自己真诚的感受和细腻的观察下，成功地刻画出了一位陌生的、热爱生活的、善良的修锁老头形象，让人读来感动。（点评老师：左右）

指导老师：李黄龙

温暖的“城堡”

呼和浩特市实验中学东河校区小学部三年级（5）班　张瀚彧

她，有着千变万化的姿态、绚丽多姿的容颜，有时展现出中国风的大气磅礴，有时又呈现出欧美风的异国情调；她，有着风格迥异的布局和始终如一的正能量，展示着有容乃大的气势和善解人意的情怀。

在青城，她随处可见，可每一个她，或许都有一段美丽的故事。青城驿站——呼和浩特一道美丽的风景线、一张亮丽的名片。

凡是在呼和浩特生活的人们，有一种焦虑与他们无关，就是如厕的问题。至少从我记事以来，就是如此。遍布街头巷尾的青城驿站，总会在人们需要她的时候出现在大家的视线中。于是，人们带着一份从容，不紧不慢地溜达着，投进她的“怀抱”。青城驿站干净整洁的设施，让人们对“幸福”有了一种别样的定义。

每年假期，爸爸妈妈总会带我去其他城市旅行。这期间，总会因为如厕问题而想念自己生活的这座小城。

“爸爸，我想去洗手间。”

“稍微坚持一下，前边有个商场，一会儿到了我们借用一下那里的洗手间。”

“妈妈，我想去洗手间，我快憋不住了！”

“乖，坚持一下，再有半个小时我们就回到酒店了。”

每次在外遭遇这样的尴尬，我对家乡的思念便会多了几分。不知从何时起，呼和浩特这座城市带给了我们这样一种贴心的幸福。

或许你还不知道，青城驿站的贴心远不止如此。在她的身边，你可以看到临时车位；有的驿站因为空间很大，还成了出租车师傅们的休息区和环卫工人的休息区；甚至有的还是器械齐全的健身房。一些下岗或是残疾人士，政府允许他们在青城驿站里开一家小花店、小便利店……种种贴心，换来的是呼和浩特这座城市给人的种种温暖，是生活在这座城市里人们心里满满的幸福感。

她，惊艳地出现在人们面前——不卑不亢、艳耀青城；她，适宜地出现在人们面前——不争不抢、端庄大方；她，安静地出现在人们面前——不吵不闹、温文尔雅。青城驿站，就是呼和浩特一道独特的风景线，是我心目中最温暖的“城堡”！

评语：小作者对于生活的细致观察和体验，造就了属于他的“城堡”。他用自己独特的视角，展现给世人家乡的变迁和美好。（点评老师：李黄龙）

指导老师：李黄龙

“醉”爱那一口

呼和浩特市满族小学三年级（8）班　张炳铎

“举起金杯把美酒斟满，朋友们欢聚一堂，共同干一杯。”每当有客人从远方来，三五好友围坐在一起，唱着熟悉的《祝酒歌》，喝着甘醇的美酒，必然会吃热气腾腾的涮羊肉，这是青城人人都热爱的美食。

涮羊肉是青城最传统的美食。它始于元代，兴于清代，几经改良和演变，传承至今。人们根据自己的喜好把加工好的羊肉片、青菜、豆制品和菌类等食材一起放进事先熬好的高汤中涮熟，蘸上芝麻酱。吃上一口，各种食材的香味和着高汤，伴着芝麻酱的香气，让人唇齿留香，回味无穷。

涮羊肉是青城富有营养的美食。《本草纲目》载：“羊肉能暖中补虚，补中益气，开胃健身，益肾气，是助元阳、补精血、益劳损之佳品。”内蒙古大草原养育了最肥美的羊群。蒙古族牧人以草原为生，与羊群为伴。涮羊肉是他们在迁徙的过程中便捷的食物，水煮的方法更是保留了羊肉原生态的营养。

涮羊肉是青城最有滋味的美食。青城是多民族聚居的地区，涮羊肉被这里的各个民族所喜爱。生活在这里的各个民族好像涮羊肉中的各种食材，和合而生。一锅涮羊肉就好像各个民族的情谊，浓浓的、深深的。

涮羊肉更是我们一家人最爱的美食。我和家人非常喜欢吃涮羊肉，涮羊肉经常出现在家里的餐桌上。在高汤中放入羊肉和自己喜欢的各种食材烹煮，成为我最爱的自助餐。大家围着热气腾腾的一锅涮羊肉，融洽地聊着天，品尝着美食，将一家人的心融在一起。传统与现代完美结合、各族人民和谐相处，这就是青城印象。

朋友们，来吧，来青城品尝有营养、有滋味、有历史韵味的涮羊肉吧！它一定会让你沉“醉”其中，爱上那一口，爱上这座城。

评语：一篇洋溢着幸福和香气的作文，看得我都有想吃的冲动。好文章就是要有让读者流连其中、拍案共鸣的冲动，本篇作文就是如此，值得一品。（点评老师：左右）

指导老师：李黄龙

一段历史一份情

呼和浩特市实验中学东河校区小学部四年级（2）班　陈一阳

红墙绿瓦，群鸟歌唱，阳光普照，百花齐放，绿树成荫，古色古香。当我漫步其中，往事如同一支笔，蘸了历史的墨，描绘出无人不赞的清公主府。

去清公主府之前，我认为公主过着前呼后拥、锦衣玉食的生活；参观后才发现，公主也和老百姓一样，睡硬板床，吃饭的地方只比我家大一点而已。那公主为什么愿意离开故土，嫁到这当时的荒蛮之地呢？我疑惑了，为什么康熙皇帝的女儿那么多，出嫁的女儿中，只有恪靖公主能够被老百姓记住？

翻看史书，原来当时的蒙古各部战乱不断，百姓流离失所，无法安居乐业；恪靖公主下嫁给喀尔喀蒙古部土谢图汗的儿子敦多布尔济之后，她“恭俭柔顺，娴于礼教”，带领大家开荒拓土，安抚边疆各部，之后两百余年，边疆无战争。我的脑海中不禁开始出现各种各样的画面：英姿飒爽的公主、开垦土地的公主、议事厅里神采飞扬的公主、后花园里闲庭信步的公主。

漫步在公主府，时空重叠，我仿佛看到一位鲜活的公主。转过照壁，穿过静宜堂，走过练武场，我似乎感受到公主的生活气息。公主一生爱民如子，备受百姓爱戴，在大家心中是如同女神般的存在。一颗小小的种子埋在我的心底，我希望将来也能够像这位公主一样，成为领袖人物，带领大家奔向幸福。

漫步在公主府，时空重叠，我仿佛看到一位鲜活的公主。感谢这位公主用一生换来边疆的安定，如今的公主府是青城的重要历史文化遗产、爱国主义教育基地，恪靖公主以其独特的历史地位和贡献，受到人们的敬仰。不远处的桃花林，每年春天都聚满了前来观赏的游人，那落英缤纷的花瓣，是不是公主遗落人间的微笑呢？

评语：一篇作文在修改之后，更令人动容了。游览一处名胜，亲近一段历史，贵在观察与感悟，贵在深思。这篇作文真正地做到了这一点，也是我比较欣赏的地方。（点评老师：左右）

指导老师：李黄龙

我是呼市的一颗小土豆

呼和浩特市中山西路回族小学四年级（2）班　任敏君

我的家乡在内蒙古自治区呼和浩特市。一提到我的家乡，你一定会想到那首脍炙人口的北朝民歌：“敕勒川，阴山下。天似穹庐，笼盖四野。天苍苍，野茫茫，风吹草低见牛羊。”也一定会想到醇香的马奶酒、鲜嫩的手扒肉、风味十足的蒙古奶茶、味道醇厚的涮羊肉……

除此之外，呼和浩特地广物博，物产丰富，其中就有一颗并不起眼但理想远大的小土豆。

我出生在阴山北麓的土豆之乡——呼市武川县。我生长的土地以沙壤土为主，土层深厚。当我还是一颗小小的种子时，我就在这样疏松、富含矿物质的土壤里成长。这样的土质给我提供了丰厚的营养。白天，太阳公公恣意地铺洒下满满的阳光，甚至在土层中，我都能感受到融融的暖意。夜晚，阴山脚下武川大地静谧寒凉，伴随清冷的月光，我会感受到寒意。在这样昼夜温差较大的日升日落中，我很快就能长得又大又饱满。

不久，我和我的兄弟姐妹们就成熟了。经过炎炎盛夏，到了秋收的季节。当农民伯伯们将我们从厚厚的土壤中挖出时，食客们会看到个头硕大、表面光滑、表皮很薄的土豆们在阳光下散发着泥土的芬芳，甚至还可以听到我们欢欣雀跃的叫声。

作为一颗从成吉思汗时代起就令人赞不绝口的土豆，作为2008年北京奥运会餐饮的专供土豆，我们用成百上千种方式走上你的餐桌，像土豆焖面、土豆烩菜、土豆泥拌莜面、土豆炖牛肉、土豆片过油肉等各类美食，让食客的味蕾能充分感受到我们呼市土豆的甜沙软香、酥脆可口。当外皮酥软的烤土豆或是咔嘣脆的炸土豆或是沙糯的土豆泥被端上你的餐桌的时候，那香甜可口的味道仿佛在嘴里跳舞，那人间烟火味定能温暖每一个迫切归家的人的心。

那一刻，也是我这颗呼市小土豆最荣耀的时刻！

评语：思路新颖，脑洞别致，读完令人眼前一亮。小作者从细微的生活中，观察到了写作的真谛：越是平凡的东西越伟大，即使是一颗不起眼的小土豆。（点评老师：左右）

指导老师：马惠

金黄色的“雪”

呼和浩特市实验中学东河校区小学部三年级（1）班　马琳珂

我曾品尝过无数美食：香甜可口的可乐鸡翅，让人唇齿留香的蒙古奶茶，油而不腻的香煎烧卖……但是，我最爱的还是青城回民区的焙子，我最爱的风景依然是吃焙子时的那一场金黄色的“雪”。

青城美食焙子的历史悠久。据记载，明朝政府建成了塞外草原上第一座城池，并命名“归化城”，它也是今天呼和浩特市旧城的前身。后来，归化城遭到破坏，清朝政府在旧城废墟上重新修建城池，并命名为“三娘子城”。在建造城池时，为了解决工匠们的吃饭问题，负责伙食的人绞尽脑汁想出了好多办法制作食物。没有锅灶，他们就用两块平整的大石片夹住面团，再在篝火上焙烤，也因此，把这种面饼叫作“焙子”。

俗话说：“民以食为天。”焙子成了那个年代人们充饥的首选。为了满足用量大的需求，师傅们费尽心思琢磨出了一炉就能烤好多焙子的办法——大土炉烙制。关于焙子的历史典故不胜枚举，据说当年冯玉祥大将军途经呼和浩特时为了保障部队的饮食供应，还专门寻访了旧城会做焙子的师傅呢！

如今，制作焙子的炊具层出不穷，但制作焙子的传统工艺仍代代相传。面案师傅头戴白帽，用灵巧的双手做出了种类繁多、形状各异、口味有别的焙子。有糖焙子、咸焙子、牛舌焙子、白焙子，等等。刚出锅的焙子十里飘香，浓浓的面香味让每一位来到呼和浩特的客人都忍不住驻足。买上一个黄澄澄、金灿灿的焙子，迫不及待地咬上一口，咸鲜可口的焙子渣便像金黄色的“雪”飘落下来。看着它们欢快地舞蹈，食客瞬间心情愉悦了！外焦脆内暄软、口感细腻的金黄色焙子是否也让你欲罢不能了呢？

吃的是焙子，感受的是幸福。在以前，焙子都是用土炉烙制。天刚蒙蒙亮，师傅便起来开始一整天的忙活了。买一个焙子需要排很长很长的队伍，有时你会看到刚出锅的焙子上还有零星灰尘。现在制作焙子的器具先进了很多，焙子柜不仅干净保温效果还好，保证食客随时都能吃上热乎乎、香喷喷的焙子。品尝到美食的幸福感在食客们心中油然而生，像极了寒冷冬日里的一抹暖阳。

一个焙子一份惊喜，当初来乍到的你吃着香酥可口的焙子，目睹金黄色的“雪花”在眼前飞舞，你是否沉醉其中并感受到了舌尖上的诱惑？一个焙子一份力量，当饥肠辘辘的你吃着喷香耐饥的焙子，一口咬下去，顿时一股能量从体内散发出来，你是否感受到了饱腹后无穷的力量？一个焙子一份愉悦，吃一个焙子，一整天你都会像小鸟在广阔的天空自由自在地飞翔一样快乐无比。

呼和浩特这座塞外之城在历史长河中历经沧桑，焙子与青城一路相伴，见证着这座城市的变迁和发展。我们生长在一个幸福的时代，各式各样的美食数不胜数，但焙子一直是青城人民难以忘却的味道。为了制作出传统味道的焙子，质朴的青城人民用勤劳的双手重复着一道道烦琐的工序。他们不计付出，只为传承历史的匠人精神给青城注入了活力，注入了幸福与发展。这种精神深深打动了我，也让我更深地体会到作为祖国的花朵，应该在实际生活中传承和发扬传统文化。

这就是能带来幸福、惊喜、力量和快乐的，我最爱的——青城美食焙子，一种能让你看到金黄色的“雪”的美食！

评语：三年级小朋友能洋洋洒洒写出一千字的美食美文，其文字功力不输一个美食博主。行文如流水一般自然，也如文中所言的美食一般令人赏心悦目。（点评老师：左右）

指导老师：侯露露

我的生活

呼和浩特市满族小学四年级（1）班　郝一彤

之前参加夏令营，其他小朋友得知我来自呼和浩特，便凑过来问了我好多问题：“你们上学时骑马去吗？”“你们平时穿蒙古袍吗？”“你们是住在蒙古包吗？”……我被他们一连串的问题弄得有些哭笑不得。

我出生在一座美丽的城市，它的名字叫呼和浩特。或许你还不知道，这里清晨的空气透着香甜；这里夜晚的灯海映着繁华；它有着雄伟壮观的博物馆，也有着人山人海的海亮广场，还有各种吃不完的美食。我在这里，拥有着幸福美好的生活，因为这里总会让我遇到一些难以忘却的人和事……

和其他城市一样，我所在的城市，偶尔也会堵车。记得一个下雨的清晨，妈妈送我去上英语课。眼看着要迟到了，妈妈自作聪明，将车子开进了一条小巷，原以为可以避开拥堵路段，结果我想你们也猜到了，狭窄的小巷更是堵得水泄不通，车子一辆挨着一辆。

“完了，肯定要迟到了！”我心里想。妈妈此刻更着急了，无奈这样的雨天，只能认命了。车子在小巷里一点点地挪动，我在后排宽慰妈妈：“没事，不急。迟到一会儿没事的，这节课我预习了，一点也不难。”妈妈反倒被我的话引得更自责了，说自己不该耍小聪明。时间一点点流逝，雨也越下越大，只有车子还在巷子里堵着。

众人一筹莫展的时候，远处的警笛声让大家重燃希望。一辆闪着警灯的摩托车从我们身边艰难地通过，之后没过多久，堵塞的车流开始缓缓地移动了。妈妈开心极了：“这下好了，路终于通了！”车子一点点前行，速度慢慢加快了。没多久，我们便冲出了巷口。车子出巷口的那一刻，我才发现，原来刚刚骑摩托过去的交警不是叔叔，而是位漂亮的小姐姐。虽然她穿着雨衣，但我还是看见了她湿漉漉的头发，雨水顺着刘海滑落到她的脸颊。她看着好年轻啊，似乎跟邻居家的姐姐一样大。雨这么大，她不冷吗？今天可是休息日啊，她怎么不休息呢？我心里多了几分疑惑……

还好，英语课只迟到了几分钟。那天课上学的什么，我现在已经忘记了，只记得妈妈接我的时候，天已经放晴了，雨后的蓝天格外澄净，空气中混杂着一丝清香，人也精神了不少。

那天回去的路上，妈妈和我聊天，说：“你们现在的生活真幸福，下雨淋不着，刮风吹不着。我们小时候……”我打断妈妈的话：“妈妈，你说我幸福的生活里，是不是除了你和爸爸以外，还有别人的努力和付出啊？比如今天早上的漂亮小姐姐……”

评语：善于观察生活、理解生活，文章就不缺素材了。简单的小事，在小作者的笔下，从细节入手，展现出生活的美好，令人动容。（点评老师：李黄龙）

指导老师：李黄龙

舌尖上的温暖

呼和浩特市满族小学五年级（1）班　王昱棋

呼和浩特作为内蒙古自治区的首府，虽然随着时代的发展，现在已成为现代化都市，没有了随处可见的蒙古包，也没有了大家印象中的马群和草原，可是，蒙古族流传下来的传统文化和美食仍然鲜活地留存在我们的生活中，其中蒙古奶茶就有着独具蒙古族特色的舌尖上的温暖。

在呼和浩特，有多家特色鲜明的蒙餐馆，店内装饰着马鞭彩旗，陈列着车轮木椅，使人感觉温馨而神圣，这些地方也成为招待外来宾客的最佳场所。而吃蒙古餐，必点的必然是一壶正宗的蒙古奶茶，尤其在冬日，一碗奶香浓郁的奶茶，瞬间就能驱走寒冷。在我们蒙古族家庭，也喜欢自己在家里熬制奶茶。

我对于奶茶的记忆是从小时候开始的。记得那时，我不爱喝牛奶，体弱多病。妈妈很着急，专门和姥姥学习了熬制奶茶的方法，从此奶茶便成了我最爱喝的饮品。有一次，妈妈熬了一锅奶香四溢的奶茶，我远远地就闻到了奶茶的香味，迫不及待地过去拿起大铜勺舀起一勺就喝。由于刚出锅的奶茶实在是太烫了，瞬间，我的嘴被烫起了泡，我疼得大叫一声。妈妈听见我的声音不对，急忙跑过来看我，一脸心疼地对我说："你这孩子，怎么就这么着急呢！这刚熬制好的奶茶太烫了，需要放一会儿才能喝的呀！感觉还疼吗？"听着妈妈关心的话语，我抱着妈妈撒娇着说："妈妈熬的奶茶实在是太香了，我没忍住。"妈妈温柔地摸了摸我的头。那个时候虽然我的嘴被烫伤了，但是心里暖暖的，是妈妈用无微不至的爱温暖着我。妈妈一直用奶茶传递着她对我的爱，而我也在妈妈爱的滋润下不断成长。

后来，无论是上学前放学后，还是平时写作业看书，我都会盛上一碗浓香的奶茶，让它陪伴着我一起度过美好时光。

奶茶，你是那么让人感到亲切，你既代表了青城印象里悠久的饮食文化，更承载了每一位内蒙古人对故乡的热爱和坚守！

评语：浓浓奶茶香，拳拳赤子心。一篇充满爱的佳作，让一碗香气扑鼻的奶茶美食呈现在每一位读者的面前。（点评老师：左右）

指导老师：李黄龙

温暖的怀抱

呼和浩特市满族小学六年级（3）班　李洪

呼和浩特市是一座历史悠久、物产丰富且风景优美的城市。雄伟的大青山就像青城人的母亲，用温暖的手臂环抱着我们。

大青山，这位母亲，她并不像泰山那般高峻，也不如华山那般壮美挺拔，更不似秦岭那样逶迤蜿蜒。然而，连绵起伏而又雄壮多姿的大青山给予了美丽青城宽厚的臂膀依托，这是其他山所无法替代的。

大青山屹立在呼和浩特市的北面，在古代，大青山肩负着守卫边疆的重任。进入北魏时期，这里更是修筑了长城，并遗存至今。今天的呼和浩特市武川县就曾是北魏设置的六个军事重镇之一，而武川县就在大青山脚下。到了山脚，你仿佛又置身于“瀚海百重波，阴山千里雪”的情境中，能感受到镇守边关的将士誓死保家卫国的万丈豪情。

漫步在大青山，看着被山风轻轻掠过的花草和灌木，那仿佛是一匹匹汗血宝马在奋蹄穿越无边无际的层峦叠嶂，又好比是悠扬的长调在高亢地吟诵着历史的百转千回，使我不禁生出“念天地之悠悠，独怆然而涕下”之感！

今天的大青山，已远离了金戈铁马的嘶鸣。但它依然用身上的花草树木为美丽青城制造氧气，让首府陶醉在清新的氛围里；它身上的泉水仿佛是甘甜的乳汁，滋润着青山的农作物，使得青城从未陷入过颗粒无收、饿殍遍野的境地；它怀抱着青城，让青城在母亲般的呵护下茁壮成长。

大青山，她就是一幅宏伟的史诗画卷，她就是哺育草原儿女、青城百姓的母亲！是她，让呼和浩特市成为一座青色的城，成为草原之上一颗璀璨的明珠！大青山，我们永远仰望您！

评语：小作者博古通今，情感饱满地书写了大青山的过往与今生。写作贵在真诚和真情，这是这篇作文引人注目、令人着迷的特色。（点评老师：左右）

指导老师：李黄龙

后 记

历时三年，《恰同学少年》终于要出版发行了。其间经历的种种波折，如今看来应是好事多磨，也是对大家耐心的考验。在孩子们真诚的文字背后，承载了他们对故乡青城的那份炽热而浓烈的爱，这是我坚持要将这些作品分享给更多读者的原因之一。因为美丽的青城，亦是生我养我的地方。

回想自己的从教经历，自大学开始从事少儿的阅读、写作教育至今已有20余载。2018年初，我下定决心从北京回到家乡，开始我职业生涯的另一段旅程。最初的几年，身边人觉得我当初的决定有些冲动，放弃北京稳定的工作，不错的待遇……怎么想的？我想《恰同学少年》的出版发行，可以让我很骄傲地站在他们面前说出这样的话：“我就是想教会家乡的孩子们怎样表达真实的自己，如何作出真诚的文章。”对，我当初就是这么想的！

转眼，回到家乡已经六年时光，这些年自己做了一些事，遇到了一些人，成立了书香青城·少年儿童阅读写作俱乐部，在带着孩子们读书、写文章这件事上，一直在前行，未敢停歇。下一季的《恰同学少年》，已在筹划当中，期待与您再次相遇……

最后，有两位先生是我要在结尾处特别致谢的，没有他们的支持，《恰同学少年》的出版不会如此顺利。第一位是本书的副主编，内蒙古自治区语文学科带头人魏健敏老师，书中多数文章的点评是由魏健敏老师及其团队成员倾力完成的，她在阅读与写作教学上独树一帜，是内蒙古自治区最为优秀的语文教师之一。第二位是为本书作序的青年作家，我的好朋友左右先生，在这本书的出版过程中，他给予我很多宝贵的意见和建议。感谢他们的支持！